Rückrufmanagement

Thomas Klindt
Michael Popp
Matthias Rösler

Rückrufmanagement

Ein Leitfaden für die professionelle Abwicklung
von Krisenfällen

1. Auflage 2006

Beuth Verlag GmbH · Berlin · Wien · Zürich

Herausgeber: DIN Deutsches Institut für Normung e. V.

© 2006 Beuth Verlag GmbH
Berlin · Wien · Zürich
Burggrafenstraße 6
10787 Berlin

Telefon: +49 30 2601-0
Telefax: +49 30 2601-1260
Internet: www.beuth.de
E-Mail: info@beuth.de

Umschlagbild: Gio Löwe,   www.gio-lowe.com
Satz: B & B Fachübersetzer GmbH
Druck: Mercedes-Druck GmbH
Gedruckt auf säurefreiem, alterungsbeständigem Papier nach DIN 6738

ISBN 10: 3-410-16308-5
ISBN 13: 978-3-410-16308-4

Beruflicher Lebenslauf Thomas Klindt

Rechtsanwalt Dr. Thomas Klindt – zugleich Fachanwalt für Verwaltungsrecht – ist für die internationale Kanzlei NÖRR STIEFENHOFER LUTZ Partnerschaft, München (www.noerr.com), und dort in der *practice group product safety & product liability* tätig. Seine anwaltlichen Schwerpunkte bilden Industriemandate in der Beratung und Abwehr behördlicher Produktsicherheits-Verfahren, die Beratung in Produkthaftungssituationen aller Art und die Abwehr entsprechender Produkthaftungsklagen sowie die Begleitung von Produkt-Rückrufen sowie die unternehmensinterne Implementierung eines Rückrufmanagements.

Durch zahlreiche Buch- und Aufsatzpublikationen zu diesen Themen ist Dr. Klindt als Experte im technischen Sicherheitsrecht bekannt. Er fungiert als Mitherausgeber der Fachzeitschrift „Stoffrecht" (StoffR) und ist Mitglied in den Herausgeber-Beiräten der Fachzeitschriften „Medizinprodukterecht" (MPR) und „Sicherheit und Industrie" (S&I) sowie Gründungsmitglied der ANP-Projektgruppe „Produktkonformität" im DIN.

Dr. Klindt ist zudem Lehrbeauftragter für Produkt- und Technikrecht an der Universität Kassel.

Beruflicher Lebenslauf Michael Popp

Rechtsanwalt Michael Popp ist Syndikus der Siemens AG. Als Mitglied der Schwerpunktgruppe „Produkthaftung" begleitet er produkthaftungsrechtliche Verfahren und unterstützt das Unternehmen in Fragestellungen zum Thema Produktsicherheit.

Seit 2001 berät Michael Popp den Geschäftsbereich Siemens VDO Automotive und ist dort Mitglied des unternehmensinternen „Produktsicherheitskomitees". In dieser Eigenschaft ist er mit den Aspekten des Rückrufmanagements und der Prävention von Produkthaftungssituationen bestens vertraut.

Michael Popp studierte Rechtswissenschaften in Bayreuth und Salzburg und war vor seinem Eintritt in die Rechtsabteilung der Siemens AG bei einer auf Wirtschaftsrecht ausgerichteten Kanzlei beschäftigt.

Beruflicher Lebenslauf Matthias Rösler

Matthias Rösler ist seit 2004 Abteilungsreferent Produktsicherheit im Zentralen Qualitätsmanagement bei der ANDREAS STIHL AG & Co. KG und verantwortlich für die Produktintegrität als Teil des Risikomanagements. Zum Aufgabengebiet gehören firmengruppenweit Erkennen, Beseitigen und Vermeiden von sicherheitsrelevanten Schwachstellen und die Erstellung, Optimierung und Betreuung relevanter Prozesse, ebenso die Beratung und Auditierung zum Thema Risikovorbeugung sowie diesbezügliche Schulungen. Nach dem Studium zum Dipl.-Ing. Maschinenbau hatte Matthias Rösler zunächst für einige Jahre im Entwicklungsbereich gearbeitet, bevor er langjährig in der Rechtsabteilung tätig war und dort die Abwehr von Ansprüchen in Kooperation mit verbundenen Unternehmen, Anwälten und Versicherern koordinierte.

Matthias Rösler ist darüber hinaus als Autor verschiedener Fachartikel und als Referent zu Risikovorbeugung und Rückrufmanagement tätig.

Inhaltsverzeichnis

3

Einleitung

Kein Unternehmen legt es auf Rückrufe an; jeder bringt selbstredend seine Produkte mit einem größtmöglichen Sicherheits- und Qualitätsanspruch in Verkehr. Und doch ist es niemals ausgeschlossen, dass sich für längst ausgelieferte Ware die Notwendigkeit ergibt, mit einer Rückrufaktion die Ware wegen Sicherheitsmängel zurückzurufen. Dies kann an erst nachträglich entdeckten bzw. aufgedeckten Konstruktionsfehlern im technischen Design liegen. Es kann sich auch um Fabrikationsfehler handeln, die für einen bestimmten Fertigungszeitraum galten und daher „nur" eine bestimmte Charge betreffen. Die Unterschiede in der Entstehung des Sicherheitsproblems spiegeln sich dann zumeist auch in der Behandlung und Lösung des Problems wider: reine Fabrikationsfehler beschränken den notwendigen Rückruf bereits in Volumen und Umfang und verschaffen dem Inverkehrbringer zumeist auch die Möglichkeit, sicherheitstechnisch einwandfreie Ersatzware anzubieten. Konstruktiv bedingte Sicherheitsprobleme setzen dagegen eine konzeptionell neue Lösung voraus, die ggf. zuvor durch Probeverfahren, Testläufe oder gar patentrechtliche Klärungen abgesichert werden muss.

Die frühzeitige Befassung und Wappnung eines Unternehmens für derartige Korrektursituationen ist eine zunehmend gewünschte, z. T. auch geforderte Aufgabe der unternehmensinternen Organisation. Gefragt sind dabei rechtliche wie prozesstechnische Aspekte. Das Buch vermittelt die rechtliche Grundlage für den Aufbau eines Krisenmanagements und beschreibt dessen Umfang und organisatorische Voraussetzungen, die im Unternehmen geschaffen werden müssen. Ein Praxisbeispiel soll die Umsetzung eines Krisenmanagements, das wir im Weiteren als Rückrufmanagement bezeichnen, erleichtern und verschiedene Aspekte zur konkreten Beachtung im eigenen Unternehmen vorstellen.

Im Anhang finden sich die im Text erwähnten Arbeitshilfen wie Adress- und Checklisten sowie Musterformulare.

Verpflichtung zum Aufbau eines Krisenmanagementsystems 1

Im Folgenden werden die verschiedenen rechtlichen Anforderungen, aber auch wirtschaftlichen Aspekte dargestellt, die Inverkehrbringer verpflichten, ein Managementsystem aufzubauen. Die Darstellung konzentriert sich in rechtlicher Hinsicht allerdings auf Krisenmanagementsysteme, die sich im Zusammenhang mit Produktunsicherheiten ergeben – finanzwirtschaftliche Krisenmanagementsysteme für börsennotierte Unternehmen oder vergleichbare Präventionsstrukturen werden nur kurz angerissen.

Die Gewährleistung der Sicherheit hergestellter und/oder vertriebener Produkte ist eines der wichtigsten Ziele für jedes Unternehmen. Im Mittelpunkt stehen hierbei in erster Linie die Organisations- und Aufsichtspflichten der Geschäftsleitung. Durch ihre Beachtung ist sicherzustellen, dass – quasi als Ausfluss der ordentlichen Gesamtorganisation des Unternehmens – auf zweiter Ebene Entwicklungs-, Konstruktions-, Fabrikations-, Instruktions- und Produktbeobachtungsfehler vermieden werden.

Auch bei bester Organisation eines Unternehmens kann wohl niemals ausgeschlossen werden, dass auch nach dem Inverkehrbringen eines Produktes wegen daraus resultierender Gefahren Korrekturmaßnahmen ergriffen werden müssen (z. B. weil durch neue Erkenntnisse in Wissenschaft und Technik eine Produktgefahr erstmals erkannt werden kann). Unter diesem Blickwinkel hilft ein ordentlicher Prozessablauf dabei, im Krisenfall rechtzeitig und angemessen zu reagieren.

Zur Vermeidung einer Krise – Produktintegritätsmanagement – vulgo Rückrufmanagement 1.1

Bevor untersucht werden kann, ob bzw. wann man seine Organisation auf den Krisenfall eingerichtet haben muss, ist vorab zu klären, was unter dem mit einer solchen Krise verbundenen Begriff „Rückrufmanagement" verstanden werden soll.

Durch den oft verwendeten Begriff „Rückrufmanagement" wird der Blick auf einen Rückruf selbst, seine Vorbereitung und die notwendige Abwicklung reduziert. Zu beachten bleibt indes, dass ein Management, wie es hier beschrieben werden soll, viel mehr bedeutet als nur die Organisation einer durchzuführenden Rückrufmaßnahme und in vielen Fällen nicht einmal einen Rückruf tatsächlich beinhaltet. Ein vernünftig verstandenes und unternehmensintern gelebtes

Krisenmanagement beschäftigt sich nämlich nicht allein mit dem Aspekt Rückruf. Es hat vielmehr die übergeordnete Aufgabe, die Unversehrheit und Makellosigkeit von in Verkehr gebrachten Produkten, ihre Sicherheit und Fehlerfreiheit im Sinne der Produktsicherheit bzw. -haftung, ihre „Produktintegrität" zu wahren.

Diese Aufgabenstellung umfasst die folgenden unternehmerischen Abläufe:

- Produktbeobachtung
  (zur Erfassung von Informationen über das Produkt im Markt)
- Risikobewertung
  (zur systematischen Analyse der gesammelten Informationen)
- Maßnahmen
  (Ableitung von Maßnahmen aus der Risikobewertung).

Eine mögliche Maßnahme kann unter Umständen, muss aber nicht in allen Fällen, den Aspekt Rückruf berühren – ein Rückruf ist vielmehr nur die Ultima Ratio neben einer Vielzahl anderer Möglichkeiten: Die Klaviatur möglicher unternehmerischer Antworten auf ein erkanntes Problem enthält eben nicht eine, sondern sehr viele Saiten.

Rückrufmanagement ist daher eigentlich Produktintegritätsmanagement, wie es als „product integrity management" im englischen Sprachraum bereits bezeichnet wird. Es ist daher für die Zukunft auch terminologisch damit zu rechnen, dass der eingedeutschte Begriff des Produktintegritätsmanagements auch hierzulande konsequent Fuß greifen wird.

1.2 Umfang des Rückrufmanagements

Die Produktintegrität, d. h. die Unversehrtheit und Makellosigkeit des Produkts sicherzustellen, beginnt natürlich bereits im Produktentstehungsprozess. Aspekte, die dabei selbstverständlich beachtet werden müssen (z. B. „Definition der Kundenerwartungen" oder „Qualitätsplanung im Konstruktions- und Fertigungsbereich"), gehören nicht in den Kern dieser Fragestellung, die sich ausdrücklich nur mit der After-Sale-Phase der Produkte beschäftigt. Der Aufbau eines Rückrufmanagements ist Bestandteil der unternehmerischen Organisationsverantwortung. Darunter versteht man die allgemeine Pflicht der Unternehmensleitung, das Unternehmen umfassend so zu organisieren, dass

- potenzielle Gefährdungen durch im Verkehr befindliche Produkte festgestellt und kommuniziert werden,
- seitens des Unternehmers unverzüglich geeignete Maßnahmen ergriffen werden, um die Produktsicherheit wiederherzustellen,

- die erforderlichen Ressourcen für die Durchführung der gebotenen Maßnahmen bereitgestellt sind,

- Produktverwender vollständig über die Durchführung von Korrekturmaßnahmen informiert werden,

- gesetzliche Vorschriften über die Sicherheit von Produkten, die Meldung von Produktgefahren an Behörden und die Durchführung von Korrekturmaßnahmen eingehalten werden.

Das Produktsicherheits-Komitee   1.3

Nicht zuletzt aufgrund dezidierter rechtlicher Pflichten unterliegt der Umgang mit potenziell unsicheren Produkten im Markt sehr engen zeitlichen Fristen. Ein Zuwarten, eine verschleppte unternehmensinterne Entscheidungsfindung oder gar ein absichtliches Verzögern notwendiger Meldungen vergrößert anstehende Probleme nur. So sollte man z. B. den Zeitraum von der Feststellung einer möglichen Gefährdung bis zu einer gesetzlich gebotenen Meldung bei der zuständigen Marktaufsichtsbehörde in Tagen messen.

Innerhalb einer kurzen Frist muss eine entsprechende Meldung vom Markt also

- kommuniziert

- evaluiert

- entschieden

werden. Im Anschluss resultieren daraus bei Befund einer kritischen Situation („Krisenfall") umgehend Meldepflicht und Abwicklung der Marktmaßnahme, die von den Verantwortlichen genaue Sachkenntnis und umfangreiche Organisation abverlangen.

Die Einrichtung eines Rückrufmanagements ist eine Präventivmaßnahme. Es liegt auf der Hand, dass für eine derartige Aufgabe personelle Vorbereitungen zu treffen sind. Es gilt, einen festen Arbeitskreis zu implementieren, der vielfach als „Feuerwehrkreis", als „Notfallteam", als „Produktintegritätsteam" (PI-Team) oder als Produktsicherheits-Komitee (PSK) bezeichnet wird. Er befasst sich mit folgenden Aspekten der Produktintegrität:

- potenzielle Gefahren zu erkennen

- Risiko einzuschätzen

- Entscheidung vorzubereiten

- Meldepflicht nachzukommen

- Marktmaßnahmen zu organisieren.

Es obliegt der unternehmensinternen Organisationsentscheidung, inwieweit dieses Komitee selbst Entscheidungsbefugnis besitzt oder die Entscheidung einem übergeordneten Gremium vorbehalten bleibt. Ein Kernteam kann sich z. B. rekrutieren aus Vertretern (mit gehöriger Produkt- und Haftungskenntnis) von

- Rechtsabteilung
- Vertrieb/Kundendienst
- Qualitätsmanagement

und wird sich bei Bedarf erweitern um Teilnehmer aus

- Technik („Entwicklung")
- Produktion
- Einkauf
- Öffentlichkeitsabteilung.

Die präventive Berufung und personelle Benennung eines solchen Kernteams ist für ein effektives Krisenmanagement unumgänglich: Im realen Krisenfall wird unternehmensintern weder mit der gebotenen Schnelligkeit noch mit der notwendigen Vorbereitung eine derartige Zusammenstellung gelingen, von atmosphärischen Vorbehalten, Unsicherheiten und Sorgen einzelner PSK-Mitglieder bei der Mitarbeit in derartigen PSK sogar ganz abgesehen. Die PSK-Mitglieder sind für die damit verbundenen Aufgaben im Krisenfall freizustellen und im Vorfeld ausreichend mit den im Folgenden dargestellten Aufgaben der Produktintegrität, auch den rechtlichen Zusammenhängen, vertraut zu machen.

1.4 Wann müssen Unternehmen ein Rückrufmanagement aufbauen?

Das Bedürfnis, im Unternehmen ein Rückrufmanagement aufzubauen, ergibt sich aus verschiedenen Aspekten. Hierbei ist zu differenzieren zwischen

- gesetzlichen Regelungen, die per öffentlich-rechtlichem Handlungsauftrag unternehmerische Entscheidung dahingehend verpflichtend beeinflussen, für eine entsprechende Organisation zu sorgen (siehe nachfolgend 1.5),

- allgemeinen Anforderungen an das Risikomanagement, die Unternehmer in gleicher Weise dazu anzuhalten, mit Krisenfällen im Voraus zu planen, um im Ernstfall „gewappnet" zu sein (siehe nachfolgend 1.6), sowie

- den von Seiten der Rechtsprechung entwickelten Hersteller- bzw. Verkehrssicherungspflichten im Bereich des Produkthaftungsrechts, die ebenfalls Auswirkungen auf die Organisation jedes Unternehmens haben (siehe nachfolgend 1.7).

- Ergänzt werden diese Erwägungen durch versicherungsrechtliche Aspekte, da Industrieversicherer (im Rahmen der Haftpflichtdeckung) ebenfalls gewisse Anforderungen an das Produktintegritäts- und das Rückrufmanagement eines Unternehmens stellen (Abschnitt 1.8).

Anforderungen an ein Rückrufmanagement nach dem GPSG   1.5

Die Gewährleistung der Sicherheit von Produkten gerät immer mehr in den Fokus nationaler und europäischer Bestimmungen. So wurde durch die aus dem Jahre 2001 stammende EG-Richtlinie 2001/95/EG über die allgemeine Produktsicherheit (im Folgenden „RaPS") eine Verschärfung des öffentlich-rechtlichen Verbraucherschutzrechts vorgenommen, indem den Herstellern, deren Bevollmächtigten, den Einführern und Händlern – also insgesamt den Inverkehrbringern – detaillierte Pflichten auferlegt wurden.

In der Bundesrepublik Deutschland wurde die RaPS durch das Geräte- und Produktsicherheitsgesetz (im Folgenden „GPSG") in nationales Recht umgesetzt, das am 1.5.2004 in Kraft trat. Bis auf ganz wenige Ausnahmen (Niederlande, Luxemburg) ist parallel dazu die RaPS auch in sämtlichen anderen EG-Mitgliedstaaten in das dortige nationale Recht überführt, so dass übrigens vergleichbare Rechtspflichten auch für die Wettbewerber des europäischen Markts gelten.

Auch wenn das GPSG – dessen Geltungsumfang sogar noch weiter als der der RaPS ist – für Produkte allgemein (technische Arbeitsmittel und Verbraucherprodukte) gilt, ist wegen der RaPS speziell für Verbraucherprodukte zwischen Pflichten vor bzw. bei deren Inverkehrbringen und Pflichten nach deren Inverkehrbringen zu unterscheiden (§ 5 GPSG).

Ein Unternehmen ist nur dann von den in § 5 GPSG genannten Pflichten betroffen, wenn

- es zum betroffenen Adressatenkreis des § 5 GPSG gehört und
- es sich bei den Produkten um so genannte Verbraucherprodukte handelt.

1.5.1 Adressatenkreis des § 5 GPSG: Hersteller, Bevollmächtigte, Einführer und Händler als Verpflichtete

§ 5 GPSG richtet sich an den Hersteller von Verbraucherprodukten, dessen Bevollmächtigten, den Einführer und den Händler als Verpflichtete. Von diesen Adressaten sind besondere Pflichten zu erfüllen.

Das GPSG definiert hierbei als „Hersteller" neben denjenigen, der ein Produkt herstellt, auch denjenigen, der ein Produkt „wiederaufarbeitet oder wesentlich verändert und erneut in den Verkehr bringt" (§ 2 Absatz 10 Nr. 2 GPSG). Die „wesentliche Veränderung" ist damit auch das maßgebliche Abgrenzungskriterium für die Differenzierung zwischen Hersteller und Händler, den das GPSG als denjenigen definiert, „der geschäftsmäßig ein Produkt in den Verkehr bringt, ohne Hersteller, Bevollmächtigter oder Einführer zu sein" (§ 2 Absatz 13 GPSG). Das GPSG schweigt sich darüber aus, wann eine „wesentliche Veränderung" die Herstellereigenschaft begründet, während das nunmehr aufgehobene, alte Produktsicherheitsgesetz 1997 (im Folgenden „ProdSG") noch die klare Voraussetzung aufstellte, dass die „Tätigkeit die Sicherheitseigenschaft des Produkts beeinflusst" (§ 2 Absatz 1 Satz 2 Ziffer 2 ProdSG).

Unter Berücksichtigung des Gesetzeszwecks sowie des Artikels 2e) (iii) der RaPS wird jedoch in der Literatur gefolgert, dass sich die Voraussetzung der „wesentlichen Veränderung" weiterhin auf die Beeinflussung der Sicherheitseigenschaft bezieht.

1.5.2 Verbraucher- oder Migrationsprodukte als Anknüpfungspunkt

Nach Klärung der Frage, ob ein Unternehmen als Hersteller, dessen Bevollmächtigte, Einführer und Händler vom GPSG angesprochen ist, gilt es zu untersuchen, ob die hergestellten Produkte in den Anwendungsbereich derjenigen Gesetzespassagen fallen, die sich in § 5 GPSG mit Rückrufmanagement befassen.

Nach § 5 GPSG sind nämlich nur beim und nach dem Inverkehrbringen von Verbraucherprodukten besondere Anforderungen zu erfüllen. Diese über die in § 4 GPSG allgemein festgelegte Pflicht, nur sichere Produkte in den Verkehr zu bringen, hinausgehenden Verpflichtungen gelten explizit nur für Verbraucherprodukte – auch wenn die Autoren sonstigen Produktherstellern gleichfalls den Aufbau von Rückrufmanagementsystemen dringlich empfehlen.

Verbraucherprodukte sind im GPSG definiert als „Gebrauchsgegenstände, und sonstige Produkte, die für Verbraucher bestimmt sind oder unter vernünftigerweise vorhersehbaren Bedingungen von Verbrauchern benutzt werden können, selbst wenn sie nicht für diese bestimmt sind" (§ 2 Absatz 3 GPSG).

Gebrauchsgegenstände und sonstige Produkte sind für Verbraucher bestimmt, wenn sie in der Lieferkette bestimmungsgemäß an private Endverbraucher abgegeben werden. Dies sind beispielsweise Spielzeug, Haushalts-, Heimwerker-, Hobby-, Sportartikel, Möbel oder Leuchten.

Zu beachten ist, dass auch sonstige Produkte die speziell für Verbraucherprodukte aufgestellten Anforderungen erfüllen müssen, wenn es sich um so genannte Migrationsprodukte handelt. Dies sind Produkte, die unter vernünftigerweise vorhersehbaren Bedingungen aus dem gewerblichen Nutzungsbereich in die Hände privater Verbraucher gelangen. Beliebtes Beispiel sind die ursprünglich für gewerbliche Präsentationen entwickelten Laserpointer, die mittlerweile in den verschiedensten Produkten des täglichen Bedarfs Eingang gefunden haben; auch „Profihandwerkszeug", das im Baumarkt erhältlich ist, fällt als Migrationsprodukt unter die erweiterte Definition für Verbraucherprodukte.

Damit haben die Hersteller nicht nur bei klassischen Verbraucherprodukten, sondern auch bei vorhersehbarer Produktmigration die gestiegenen Anforderungen des GPSG zu erfüllen. Hersteller gewerblicher Produkte müssen sich also bereits vor der Markteinführung über die mögliche Verwendung ihrer Produkte Gedanken machen und gewisse Überschreitungen des von ihnen festgelegten Verwendungszwecks antizipieren.

Eine Ausweitung des Begriffs des Verbraucherprodukts ergibt sich schließlich aus § 2 Absatz 3 Satz 2 GPSG. Hiernach gelten als Verbraucherprodukte auch „Gebrauchsgegenstände und sonstige Produkte, die dem Verbraucher im Rahmen der Erbringung seiner Dienstleistung zur Verfügung gestellt werden". Damit werden nunmehr auch Produkte erfasst, die beispielsweise in Hotels, Fitnessclubs, Saunen etc. dem Kunden zur Verfügung gestellt werden. Maßgeblich ist hierbei das „Zur-Verfügung-Stellen" des Produkts an den Kunden. Nicht erfasst sind die vom Dienstleister selbst bei der Leistungserbringung benutzten Arbeitsmittel.

Verpflichtung zum Aufbau eines Rückrufmanagements gemäß § 5 GPSG   1.5.3

Das GPSG stellt in § 5 besondere Pflichten für Verbraucherprodukte auf. Hier ist zu erwähnen, dass Herstellern, Bevollmächtigten, Einführern und Händlern

- nach § 5 Absatz 1 Ziffer 2 GPSG eine öffentlich-rechtliche Pflicht zur Produktbeobachtung obliegt und

- des Weiteren nach § 5 Absatz 2 GPSG die zuständige Behörde zu informieren haben, wenn sie wissen oder aufgrund ihrer Erfahrung Anhaltspunkte dafür haben, dass von einem in Verkehr gebrachten Verbraucherprodukt eine Gefahr für die Gesundheit und Sicherheit von Personen ausgeht (Behördeninformation).

Die Herstellern, Bevollmächtigten und Einführern – nicht aber Händlern – obliegenden Pflichten gehen aber noch weiter. Sie haben nämlich

- nach § 5 Absatz 1 Ziffer 1 lit. a) GPSG auch dafür Sorge zu tragen, dass der Produktverwender die erforderliche Produktinformation erhält (z. B. durch Anbringung von Warnhinweisen), und ferner

- nach § 5 Absatz 1 Ziffer 1 lit. b) GPSG den Namen des Herstellers auf ihren Produkten oder auf der Verpackung aufzubringen sowie die Produkte so zu kennzeichnen, dass sie eindeutig identifiziert werden können (Produktidentifikation).

Aus diesen besonderen Verpflichtungen, die das GPSG für Verbraucherprodukte aufstellt, ergeben sich bereits erste Anhaltspunkte dafür, was alles zu einem Rückrufmanagement gehört.

Neben den oben genannten Pflichten stellt § 5 Absatz 1 Ziffer 1 lit. c) GPSG an Hersteller, Bevollmächtigte oder Einführer die gesetzliche Anforderung, **„Vorkehrungen zu treffen, die den Eigenschaften des von ihnen in den Verkehr gebrachten Verbraucherprodukts angemessen sind, damit sie imstande sind, zur Vermeidung von Gefahren geeignete Maßnahmen zu veranlassen, bis hin zur Rücknahme des Verbraucherprodukts, der angemessenen und wirksamen Warnung und dem Rückruf"**. Dies ist die zentrale Kernvorschrift für ein (pflichtiges) Rückrufmanagement bei Verbraucherprodukten.

Bei dieser gesetzlichen Anforderung geht es nicht um die Verpflichtung des Herstellers zum eigentlich Rückruf gefährlicher Produkte. Die Verpflichtung des Herstellers zur Warnung vor und ggf. dem Rückruf von gefährlichen Produkten ergibt sich bereits aus allgemeinen produzentenhaftungsrechtlichen Gesichtspunkten.

Von grundlegender Bedeutung ist vielmehr der gesetzgeberische Auftrag, „Vorkehrungen" zu treffen. Unter „Vorkehrungen" ist mehr als die bloße Abwicklung und Durchführung eines notwendig gewordenen Rückrufs zu verstehen. Der Hersteller muss durch vorherige

Organisation ganz allgemein vorab für den Ernstfall gewappnet sein.

Der Rückruf des Verbraucherprodukts, die angemessene und wirksame Warnung ist lediglich als beispielhafte Aufzählung dessen zu verstehen, was sorgfältige Unternehmer tun müssen: Sie müssen ein umfassendes System implementieren, das nicht nur der Bewältigung von im Markt befindlichen Produktgefahren (im Sinne einer Warnung oder eines Produktrückrufs) dient. Sie sind durch § 5 Absatz 1 Ziffer 1 lit. c) GPSG vielmehr bereits im Vorfeld der Inverkehrgabe von Produkten zur präventiven, am Verbraucherschutz orientierten Organisation des Unternehmens aufgerufen. Dies ist nichts anderes als ein gesetzlicher Handlungsauftrag zum Aufbau eines Rückrufmanagements.

Als Konsequenz aus den gesetzlichen Anforderungen des GPSG ist somit festzuhalten: Hersteller, Bevollmächtigte und Einführer, die Verbraucher- oder Migrationsprodukte in den Markt bringen, sind als direkte Adressaten der Vorschrift von der Forderung betroffen, von sich aus und ohne behördliche Aufforderung ein Rückrufmanagement im Unternehmen aufzubauen.

Noch nicht abschließend geklärt ist derzeit die Frage, welche Folgen mit dem Verstoß gegen den Handlungsauftrag zum Aufbau einer entsprechenden Rückholorganisation für ein Unternehmen verbunden sind. Werden von den Verpflichteten im Sinne des GPSG die nach § 5 Absatz 1 Ziffer 1 lit. c) notwendigen Vorkehrungen nicht getroffen, so stellt das Gesetz selbst keine Sanktionen auf. Weder § 20 GPSG (Strafvorschriften) noch § 19 GPSG (Bußgeldvorschriften) ahnden den Verstoß. Wenn ein Unternehmen also unter Verstoß gegen den oben genannten gesetzlichen Handlungsauftrag (Verbraucher-)Produkte in den Verkehr bringt, macht es sich hierdurch weder strafbar noch verhält es sich ordnungswidrig. Nicht unerwähnt bleiben kann an dieser Stelle aber, dass Inverkehrbringer zivil- und strafrechtliche Konsequenzen riskieren, wenn sie es unterlassen, die geforderten Einrichtungen zu etablieren. Kann ein Unfall – was im Ernstfall natürlich von der Staatsanwaltschaft nachzuweisen wäre – kausal damit in Zusammenhang gebracht werden, hat der Inverkehrbringer die im Verkehr geschuldete Sorgfalt verletzt und muss entsprechend haften. Zusätzlich riskieren die verantwortlichen (leitenden) Mitarbeiter, dafür auch persönlich strafrechtlich belangt zu werden.

Neben der in § 5 Absatz 1 Ziffer 1 lit. c) genannten Verpflichtung, „Vorkehrungen zu treffen", damit die Unternehmen imstande sind, angemessene Maßnahmen bis hin zum Rückruf zu veranlassen, ist jedoch eine weitere durch das GPSG begründete Verpflichtung zu berücksichtigen, die den Aufbau eines Produktsicherheitsmanagements nahe legen sollte. Oben wurde bereits kurz erwähnt, dass Inverkehrbringer die zuständige Behörde zu informieren haben, wenn bei einem Verbraucherprodukt Anhaltspunkte für eine Gefahr für die Gesundheit und Sicherheit von Personen bestehen. Die Verletzung dieser Meldepflicht ist nach deutschem Recht als Ordnungswidrigkeit bußgeldbewehrt.

Auch dieser Aspekt veranlasst zur Implementierung entsprechender Prozesse, die die Erfüllung gesetzlicher Meldepflichten sicherstellen. Dies ist die Konsequenz dessen, was in der Literatur mit der öffentlich-rechtlichen Anordnung einer Rückrufplanung beschrieben wird, die einer staatlichen Marktüberwachung unterliegt.

1.6 Gesellschaftsrechtliche/bilanzrechtliche Ansatzpunkte für ein Risikomanagement

Neben dieser ausdrücklichen, in § 5 GPSG verankerten, öffentlich-rechtlichen Verpflichtung gibt es – insbesondere für Unternehmen, die als juristische Personen strukturiert sind – weitere Ansatzpunkte für die Verpflichtung zur Errichtung eines Risikomanagements. Hierbei sind beispielhaft folgende Regelungen zu erwähnen:

Aus dem Aktiengesetz: § 91 Absatz 2 AktG
Der Vorstand hat geeignete Maßnahmen zu treffen, insbesondere ein Überwachungssystem einzurichten, damit den Fortbestand der Gesellschaft gefährdende Entwicklungen früh erkannt werden.

Aus dem Deutschen Corporate Governance Kodex
4.1.4. Der Vorstand sorgt für ein angemessenes Risikomanagement und Risikocontrolling im Unternehmen.

5.2. Der Aufsichtsratsvorsitzende soll mit dem Vorstand, insbesondere mit dem Vorsitzenden bzw. Sprecher des Vorstands, regelmäßig Kontakt halten und mit ihm die Strategie, die Geschäftsentwicklung und das Risikomanagement des Unternehmens beraten.

Die hier erwähnten Regelungen schreiben zwar nicht im Detail vor, was im Unternehmen unter dem Gesichtspunkt der „Produktsicherheit" an Maßnahmen zur Risikovorsorge errichtet werden soll. Doch machen die Vorschriften deutlich, dass die Implementierung eines Rückrufmanagements nicht nur Selbstzweck ist, sondern durch Gestaltung entsprechender Prozesse dazu beitragen sollte, das allgemeine Risikomanagement innerhalb eines Unternehmens zu unterstützen.

Anforderungen an ein Rückrufmanagement unter Berücksichtigung produkthaftungsrechtlicher Aspekte

1.7

Neben dem GPSG haben Unternehmer bei der Gestaltung ihrer internen Prozesse auch die Anforderungen aus der Rechtsprechung zur Produzentenhaftung zu berücksichtigen.

Auch aus dem Blickwinkel der produkthaftungsrechtlichen Verantwortung des Unternehmens lassen sich nämlich Verpflichtungen zum Aufbau eines Rückrufmanagements herleiten.

Die zivilrechtliche Produkthaftung des Herstellers setzt ein, wenn ein Produkt fehlerhaft, mithin die Sicherheit nicht ausreichend ist und es im Folgenden zu einem Schaden kommt. Der Hersteller haftet dann nach dem Produkthaftungsgesetz und/oder Deliktsrecht („Produzentenhaftung"). Dabei kann die Haftung verschuldensunabhängig oder verschuldensabhängig sein.

Neben der zivilrechtlichen Haftung steht die strafrechtliche Produktverantwortung: Geschützte Rechtsgüter Dritter (Leben, Gesundheit, Eigentum) dürfen nicht widerrechtlich und schuldhaft verletzt werden. Bei Verstoß schreiten die zuständigen Strafverfolgungsbehörden – sei es von Amts wegen oder auf Antrag – ein und eröffnen Ermittlungen gegen die verantwortlichen Personen, also je nach Unternehmensorganisation gegen Geschäftsführer, leitendes Management oder einzelne Zuständige.

Im Mittelpunkt sowohl zivil- als auch strafrechtlicher Produktverantwortung stehen die Organisations- und Aufsichtspflichten der Unternehmensleitung. Durch ihre Beachtung ist sicherzustellen, dass Entwicklungs-, Fabrikations-, Instruktions- und Produktbeobachtungsfehler vermieden werden.

Im Rahmen der Produktbeobachtung kommt wiederum das Rückrufmanagement ins Spiel. Auch die produkthaftungsrechtliche Verantwortung verpflichtet somit zum Aufbau eines Rückrufmanagements. Neben den Anforderungen aus dem GPSG ist der Unternehmer auch kraft allgemeiner Grundsätze aus dem Produkthaftungsrecht zur Produktbeobachtung angehalten und hat die daraus gewonnenen Informationen in ein effizientes Rückrufmanagement einfließen zu lassen. Die im GPSG vorgenommene Differenzierung zwischen Verbraucherprodukten und technischen Arbeitsmitteln gilt für die produkthaftungsrechtlichen Anforderungen nicht. Vielmehr ist hiernach jeder Hersteller oder Zwischenhändler verpflichtet, die verschiedenen Aspekte des Rückrufmanagements zu berücksichtigen.

1.8 Rückrufmanagement und versicherungsrechtliche Aspekte

Neben den gesetzlichen Anforderungen des GPSG und den produkthaftungsrechtlichen Aspekten müssen Unternehmen als mögliche Konsequenz des Verstoßes gegen die Organisationspflichten auch die Gefahr des Verlusts der Versicherungsdeckung im Haftpflichtfall berücksichtigen.

Angesichts der wachsenden Zahl von Produkthaftungsklagen und der in der jüngsten Vergangenheit signifikant gestiegenen Schadenersatzsummen, über die hierbei entschieden wird, dürfte es außer Frage stehen, dass Versicherungen bei der Regulierung von Schadensereignissen zukünftig eine restriktive Handhabung an den Tag legen werden. Versicherungsunternehmen werden – wie andere Unternehmen auch – die versicherungsvertragliche Risikoverteilung berücksichtigen, sodass darüber hinausgehende Kulanzregelungen der Vergangenheit angehören werden.

Die angesprochene vertragliche Risikoverteilung wird z. B. mit den „Besonderen Bedingungen und Risikobeschreibungen für die Rückrufkosten-Haftpflichtversicherung für Hersteller- und Handelsbetriebe" (Musterbedingungen des GDV, Stand Juni 2004) festgelegt. Die Bedingungen können selbstverständlich individuell anderweitig vereinbart werden; hierbei spielen branchenspezifische Aspekte eine große Rolle.

Nicht versichert sind hiernach Ansprüche gegen den Versicherungsnehmer, „... soweit diese den Versicherungsfall durch bewusstes Abweichen von gesetzlichen oder behördlichen Vorschriften ... herbeigeführt haben".

Ergänzt wird diese Risikoverteilung durch die Regelungen in den „Allgemeinen Versicherungsbedingungen für die Haftpflichtversicherung – AHB (Musterbedingungen des Gesamtverbandes der Deutschen Versicherungswirtschaft e. V., Stand Mai 2000)". Hier sind unter § 4 Absatz 2 Ziffer 1 von der Versicherung ausgeschlossen: „Versicherungsansprüche aller Personen, die den Schaden vorsätzlich herbeigeführt haben."

Sollten Unternehmen die notwendigen Vorkehrungen zum Rückrufmanagement nicht getroffen haben, laufen sie im Schadensfall somit Gefahr, dass ihnen die Haftpflichtversicherung entgegenhält, sie hätten unter Abweichung von gesetzlichen Vorschriften, nämlich unter Verstoß gegen § 5 GPSG produziert.

Es gilt nämlich zu beachten, dass auch der finanzielle Aufwand für eine Rückrufaktion maßgeblich davon abhängt, wie schnell ein Unternehmen im Krisenfall die Gefahr erkennt und durch geeignete Maßnahmen reagiert. Insbesondere im Produkt- bzw. Massengeschäft spielt hierbei die Rückverfolgbarkeit („Traceability") der betroffenen Produkte eine überragende Rolle. Ist der Unternehmer nun nicht in der Lage, die betroffenen Produkte oder zumindest die betroffenen Chargen zu identifizieren, kann die Anzahl der zurückzurufenden Produkte größer sein als bei gewissenhafter Implementierung präventiver Maßnahmen.

Der Haftpflichtversicherer kann folglich argumentieren, dass ein Unternehmen durch mangelnde Vorbereitung auf den Krisenfall unter Verstoß gegen die Schadenminderungspflicht nach § 254 BGB eine Schadensvergrößerung billigend in Kauf genommen hätte. Damit ist zumindest eine Diskussion über den Anwendungsbereich der oben dargestellten Einwände eröffnet.

In diesem Kontext ist auch darauf hinzuweisen, dass Industrieversicherungen die Frage des Bestehens eines Rückrufmanagements mit in die Entscheidung über den (Neu-)Abschluss einer Police oder die Höhe der Prämie einfließen lassen.

Folgende Aspekte werden von Haftpflichtversicherern regelmäßig „abgefragt", wenn über die Neueindeckung eines Risikos zu entscheiden ist:

– Welche Maßnahmen sind zur Sicherstellung der Produktbeobachtung implementiert worden?

– Wenn eine Beschwerde über ein fehlerhaftes Produkt erfolgt, wie wird mit dieser Beschwerde umgegangen?

– Gibt es ein „Frühwarnsystem", das sicherstellt, dass die für einen potenziellen Rückruf relevanten Informationen gesammelt, bewertet und der Geschäftsleitung zur Entscheidung vorgelegt werden?

– Gibt es ein festgelegtes Verfahren zur Risikoabschätzung bei Informationen über möglicherweise fehlerhafte Produkte?

– Wie schnell kann erkannt werden, dass ein Serienschaden droht?

– Wie können möglicherweise fehlerbehaftete Teile aus einer Charge identifiziert werden?

– Welche Informationen sind hierfür auf dem Produkt aufgebracht?

– Wie können die Produktbenutzer identifiziert werden?

- Wie werden die Produktbenutzer auf Gefahren aufmerksam gemacht/gewarnt?
- Gibt es ein Produktsicherheits-Komitee oder eine andere zuvor definierte Arbeitsgruppe zur Abwicklung eines Rückrufs?
- Wurden Prozesse definiert, wie nach Durchführung eines Rückrufs zu verfahren ist (z. B. Abschlussbericht, Liste mit „lessons learned")?
- Welche Krisen-/Rückrufpläne gibt es für diese Eventualitäten?
- Wie werden diese Pläne den aktuellen Veränderungen angepasst?
- Wurden diese Pläne getestet?
- Wie wird der Umgang mit der Öffentlichkeit (telefonische/schriftliche Anfragen, eigene Stellungnahmen) koordiniert?
- Gibt es eine klare Zuordnung von Verantwortlichkeiten bzgl. der Verteilung sicherheitsrelevanter Informationen?

Diese Fragenliste ließe sich beliebig fortführen. Sie verdeutlicht gut den Stellenwert, den Industrieversicherungen einem unternehmensinternen Rückrufmanagement zukommen lassen.

1.9 Gesetzliche Meldepflichten

Bei der Frage, welche gesetzlichen Regelungen zum Aufbau eines Rückrufmanagements verpflichten, müssen Unternehmen auch an das Bestehen gesetzlicher Meldepflichten denken. Denn ein ordentliches Rückrufmanagement stellt sicher, dass im Unternehmen auch in der „heißen" Phase der Produktkrise daran gedacht wird, diesen (in der Regel strafbewehrten) Meldepflichten nachzukommen.

1.9.1 Gesetzliche Meldepflicht nach dem GPSG

In verschiedenen Branchen der Konsumgüterindustrie, aber auch im Bereich der Investitionsgüterindustrie, sind Aufsichtsbehörden bei Bekanntwerden von Gefahren für die Gesundheit und Sicherheit von Personen zu informieren.

1.9.1.1 Meldepflicht für Verbraucherprdoukte

Auf Grundlage des GPSG wurde nunmehr eine solche Meldepflicht generell für sämtliche Verbraucherprodukte eingeführt. Nach § 5 Abs. 2 GPSG sind Hersteller, Bevollmächtigte oder Einführer verpflichtet, die zuständigen Behörden zu unterrichten, wenn sie wissen, dass von einem von ihnen in Verkehr gebrachten Verbraucherprodukt eine Gefahr für die Gesundheit und Sicherheit von Personen ausgeht; insbesondere haben sie über die Maßnahmen zu unterrichten, die sie zur Abwendung der Gefahr getroffenen haben.

Zu berücksichtigen ist an dieser Stelle, dass so genannte Migrationsprodukte von der Meldepflicht mit umfasst sind. Damit fallen auch Produkte, die möglicherweise zunächst nicht für Verbraucher entwickelt wurden, in die Kategorie meldepflichtiger Produkte.

Neben dem Hersteller (bzw. Bevollmächtigten und Einführer) ist nach § 5 Abs. 3 GPSG auch ein Händler eines solcherart betroffenen Produkts in der Meldepflicht. Dies wird in der Praxis insbesondere dann von Relevanz sein, wenn bei seiner Kenntnis einer Gefährdung durch ein von ihm vertriebenes unsicheres (Verbraucher-)Produkt trotz Information an seinen Lieferanten (Hersteller, Bevollmächtigen oder Einführer) keine angemessene Reaktion erfolgt, d. h. der Hersteller selbst seiner Meldepflicht nicht nachkommt oder nachkommen kann (z. B. im Falle der Insolvenz!). Es ist in diesem Zusammenhang dringend zu empfehlen, für eine klare Vereinbarung zwischen Händler und Hersteller zu sorgen, die klarstellt, wer für die Meldepflicht verantwortlich ist, und insbesondere, dass sich die Parteien vor einer Meldung gegenseitig konsultieren. Dies gilt namentlich für den Händler, der gegenüber dem Hersteller eine Unterrichtungspflicht haben sollte.

Zuständige Behörden für Meldung nach dem GPSG　　　　1.9.1.2

Die Ermittlung der für die Informationsentgegennahme zuständigen Behörde ist nicht immer ganz einfach; es gibt bundesweit keinerlei vollständige Liste aller Behörden je nach Produktgattung sortiert. Gibt es für Verbraucherprodukte neben dem GPSG noch sonderrechtliche Vorschriften, so ist historisch zumeist für dieses Sonderrecht längst auch eine eigene Zuständigkeitsregelung gesondert getroffen. Für KfZ etwa ist das Kraftfahrtbundesamt als (Bundes-)Behörde im Vollzug des GPSG und damit auch der Informationsentgegennahme zuständig.

Länderministerien sind vielfach für den Vollzug des GPSG als oberste Aufsichtsbehörden verantwortlich. Diese bzw. in praxi die ihnen untergeordneten Verwaltungseinheiten (je nach föderaler Struktur Regierungspräsidien, Staatliche Gewerbeaufsichtsämter, Staatliche Arbeitsschutzämter etc.) sind dann als zuständige Behörden i. S. d. GPSG zu verstehen.

Zudem gilt es dauerhaft zu beobachten, ob und wie im Rahmen anstehender Verwaltungsreformen Zuständigkeiten neu geregelt werden. So wurden jüngst in Baden-Württemberg die Gewerbeaufsichtsämter aufgelöst und ihre Aufgaben auf andere Verwaltungseinheiten

(Regierungspräsidien bzw. Landratsämter) verlagert. Geänderte Behördenbezeichnungen und neue Kontaktadressen sind also auch zukünftig zu erwarten.

Im Sinne einer auf gegenseitigem Vertrauen gründenden Beziehung sollten Unternehmen frühzeitig, d. h. unabhängig von einer potenziellen Krise, mit den zuständigen Behörden Kontakt aufnehmen, sollten also ihre zuständige Behörde längst kennen gelernt haben, ihr unternehmenseigenes Rückrufmanagement vorstellen und mit der Behörde diskutieren. In Krisenzeiten wird dies einer effektiven Zusammenarbeit zuträglich sein.

In einer Situation mit vermuteter Meldepflicht sollte das Unternehmen rasch – das GPSG spricht von „unverzüglich" – den Kontakt mit den Behörden suchen. Dies meint prinzipiell eine Kontaktaufnahme in wenigen Tagen, nicht in einigen Wochen. Ein formloser Anruf kann zunächst genügen. Weiteres wird sich situationsbedingt anschließend ergeben. Selbstverständlich sollte ein Lösungskonzept zur Behebung der Krise parat sein oder doch jedenfalls avisiert werden können. Die Qualität der Lösung wird die Bereitschaft der Behörde, auf eigene Aktivität zu verzichten und keine eigene Initiative für Öffentlichkeitsmaßnahmen zu ergreifen, stark beeinflussen.

Die Gewährleistung von Sicherheit und Gesundheit bei der Verwendung von Produkten wird durch eine Vielzahl bestehender EG-Richtlinien bzw. deren nationaler Gesetze geregelt. Zur Kompetenzbündelung ist vorgesehen, bundesweit auf der Ebene von Länderbehörden Kompetenzzentren entstehen zu lassen, die sich auf spezielle Richtlinien konzentrieren (Übernahme von „Richtlinien-Patenschaften"). Die einzelnen Richtlinien sind auf verschiedene Länder verteilt (s. dazu Tabelle im Anhang). Diese Spezialisierung soll die kompetente Vertretung der Bundesrepublik auf EG-Ebene in entsprechenden Gremien (z. B. Diskussion/Überarbeitung der Richtlinien) erleichtern. Unternehmen sollten sich nicht scheuen, die Fachkompetenz der Gewerbeaufsicht oder der auf bestimmte Richtlinien spezialisierten Experten der o. a. Behörden für die Beratung vor dem Inverkehrbringen eines Produkts in Anspruch zu nehmen. Die Fachleute aus den genannten Ämtern können zu sicherheitsrelevanten Themen quasi als Präventivmaßnahme sachlich beraten und so möglicherweise ansonsten nachträglich notwendig werdende „Selbstanzeigen" vermeiden.

Seitens der EG-Mitgliedsstaaten wurde eine Internetplattform www. icsms.org (ICSMS – Information and Communication System for Market Surveillance) entwickelt. Es ist vorgesehen, dort u. a. für die Öffentlichkeit Informationen über meldepflichtige Vorgänge bereitzuhalten. Auch sollen Verbraucher über diese Adresse Meldungen an Behörden einreichen können. Die zukünftige Entwicklung dieser Datenbasis dürften mit Interesse zu beobachten sein.

Inhalt der Meldung an die Behörden 1.9.1.3

Unabhängig davon, ob Hersteller (oder andere Meldepflichtige) bereits im Vorfeld Kontakt mit der Behörde aufgenommen haben, um beispielsweise die eigene Risikoeinschätzung mit sachkundigen Ansprechpartnern zu diskutieren, ist der meldepflichtige Vorgang schriftlich (oder per elektronisch erstelltem Dokument) zu berichten.

Die Inhalte der RAPEX-Meldung an die Behörden 1.9.1.3.1

Als ein Berichts- oder Meldeformat bietet sich das so genannte RAPEX-Protokoll an. Es handelt sich dabei um einen standardisierten Fragenkatalog, eine so genannte Notifizierung, den die Behörde z. B. auf elektronischem Weg zur Verfügung stellen kann.

Achtung: Grundsätzlich handelt es sich dabei nicht um ein dezidiert für Unternehmensmitteilungen gedachtes Konzept, sondern um Vorgaben zur amtsinternen Informationsweitergabe. Die eigentliche behördliche Information kann indes durch eine unternehmerische Information, die sich just an die identische Struktur anlehnt, punktgenau vorbereitet und bestens unterstützt werden.

RAPEX (Rapid Exchange of Information System) wurde von der Europäischen Kommission auf Basis von Artikel 12 der RaPS eingerichtet. Es soll EU-weit dem Informationsaustausch bei der Durchführung von Notfallverfahren dienen und die Produktsicherheit wahren. Vorsicht ist allerdings insoweit geboten, als das RAPEX-System nach Art. 12 der RaPS nur für dezidiert „ernste Gefahren" (serious risks) zur Anwendung kommen soll; Risiken geringerer Intensität, die gleichwohl eine unternehmerische Tätigkeit verlangen, sind tunlichst aus dem RAPEX-Umfeld herauszuhalten.

Die RAPEX-Notifizierung enthält 6 Hauptpunkte, zu denen 29 Fragen beantwortet werden müssen. Einen Musterfragenkatalog findet sich im Anhang, Abschnitt 4.4.1:

Erläuterungen zu den Angaben

– **Meldendes Land**

    Die Meldepflicht für Verbraucherprodukte gemäß der RaPS ist in Deutschland als GPSG umgesetzt und gilt natürlich in den anderen Mitgliedsländern der Europäischen Gemeinschaft genauso. Das heißt, die Meldepflicht trifft den Hersteller bzw. Vertreiber für alle Märkte, in denen er das betroffene Produkt in Verkehr gebracht hat. Um den daraus resultierenden unpraktikablen und nicht nur aus Industriesicht ineffizienten Vorgang einer theoretisch 25-fachen Meldung (bei Vertrieb in allen Mitgliedsländern) zu vermeiden, wird in praxi (zumindest in Deutschland) häufig anders verfahren: Die zuständige Behörde stellt die ihr gemeldete Notifizierung in den behördlichen Teil der ICSMS-Datenbank ein. Damit ist eine europaweite Meldung erfolgt, ohne dass Behörden in anderen Mitgliedsländern der EU vom Meldenden kontaktiert zu werden brauchten. Weitere Meldungen durch den Hersteller oder seiner Vertriebspartner in anderen Märkten könnten also dadurch entfallen. Es empfiehlt sich für den Meldenden, die zuständige Behörde um Bestätigung dieses Prozederes zu bitten.

Die Erfahrung zeigt allerdings deutlich, dass diese Idealvorstellung eines effizienten und schlanken Handlings (noch) nicht von allen EG-Mitgliedstaaten akzeptiert wird, sondern vielmehr ein jeweilig isoliertes Melden durch die Regionalgesellschaft (und sei es in ihrer Funktion als Importeur) erwartet wird. Entsprechende Erfahrungen liegen z. B. aus Österreich, Niederland, Slowenien und Tschechien vor.

– **Datum der Meldung**

Dies kann, soweit geschehen, auch der Tag der ersten z. B. telefonischen Kontaktaufnahme mit der Behörde sein. Der Meldende sollte sich jedenfalls bewusst sein, dass mit dieser Angabe ein Zeitpunkt für die Meldung des Vorgangs dokumentiert und damit der Zeitraum nachvollziehbar wird, der seit Erkennen der (potenziellen) Gefahren vergangen ist. Ein durchaus nicht unkritisches Indiz, denn das Gesetz ist hier recht eindeutig. „Der Hersteller … hat unverzüglich die zuständigen Behörden … zu unterrichten." (§ 5 Absatz 2 GPSG). Es empfiehlt sich für den Meldenden die Nachweisführung, dass zwischen der Erkenntnis eines meldepflichtigen Zustands und dem daraus folgenden Meldetermin („Tag der Meldung" i. S. d. Notifizierung) ein Zeitraum liegt, der glaubwürdig als unverzüglich beschrieben werden kann, sich also eher in wenigen Tagen zählen lässt statt in Wochen oder mehr.

– **Produkt**

Die Fragen zu diesem Kapitel beziehen sich auf das betroffene Produkt (z. B. einschlägige Normen, die Konformitätserklärung, Fotos oder Zeichnungen des Produkts) und lassen sich mittels entsprechender Anlagen leicht beantworten.

Sind von der Meldung nur bestimmte Fertigungslose betroffen, empfiehlt es sich zu deren leichterer Identifizierung, Merkmale

am Produkt, wie z. B. die Maschinen- oder Chargennummer, dar-
zustellen (z. B. in Bild oder Zeichnung). Zusätzlich sollte man die
Menge der (möglicherweise) betroffenen Produkte nennen.

– **Hersteller und Importeure und andere**

Alle einschlägigen Angaben wie Firmenname, Adresse, Kontaktdaten müssen dokumentiert werden.

– **Beschreibung der Gefahr**

Neben der Art der Gefährdung und des Risikos sowie „einschlägigen Testergebnissen" ist hier auch über Unfälle in Zusammenhang mit dem meldepflichtigen Vorgang zu berichten. Wenn es
Kenntnis über einen oder gar mehrere Unfälle im Zusammenhang
mit dem zu meldenden Produkt gibt, muss sorgfältig dokumentiert werden:

– Sind dem Meldenden alle Unfälle in allen Märkten bekannt?
So hat ein Importeur gegenüber dem Hersteller unter Umständen nur einen begrenzten Überblick. Ein Importeur in Europa,
der den Vorgang meldet, weiß vielleicht nichts über das Pro-
duktgeschehen auf anderen Märkten (z. B. in den USA).

– Für die meldende Partei sind eine enge Absprache und ein
vollständiger Informationsaustausch mit Lieferanten und/
oder Hersteller angezeigt. Die Konsistenz der Aussagen gegenüber einer europäischen Behörde und einer in anderen
Märkten ist sicherzustellen.

– **Einzuleitende Maßnahmen**

Angaben zu diesem Thema und die Forderung nach Unverzüg-
lichkeit der Meldung stehen in einem gewissen Widerspruch
zueinander. Denn „dass von einem ... in Verkehr gebrachten Verbraucherprodukt einer Gefahr für die Gesundheit und Sicherheit
von Personen ausgeht" (s. § 5 Absatz 2 GPSG), wird unter Umständen schneller eingeschätzt werden können, als dass eine
konkrete Maßnahme „zur Abwendung dieser Gefahr" feststeht.
Es wird in der Regel nicht im Interesse des Meldenden sein, eine
Gefahr unverzüglich im Sinne des Gesetzes zu melden, ohne eine
Maßnahme zur Gefahrabwendung selbst vorzugeben und dies
stattdessen den Behörden zu überlassen. Daher empfiehlt es
sich, den Entscheidungsfindungsprozess (Risikoeinschätzung
und Erarbeitung eines Maßnahmenkatalogs bei Bedarf) im Unternehmen des Meldenden professionell abzuwickeln. Dies ist
die Kernaufgabe für ein entsprechend etabliertes PSK.

Eine interessante Frage zum Thema Maßnahmen betrifft die
Geltungsdauer der Maßnahme. Darunter ist nichts anderes zu
verstehen, als welche Umbauquote akzeptabel ist. Hierzu sei

auf das weiter unten Gesagte verwiesen (s. Marginalie „Umbau-quote" in Abschnitt 2.3.2.2 „Rückruf und Rücknahme").

- **Sonstige Informationen**

Von Bedeutung ist in diesem Kapitel ist die Frage, ob Vertrau-lichkeit der Informationen gewünscht wird. Der Meldende wird in der Regel geneigt sein, auf der vertraulichen Behandlung sei-ner übermittelten Notifizierungsangaben zu bestehen. Stellt die Behörde wie oben angesprochen die Daten in den behördlichen Teil der ICSMS-Datenbank, darf zunächst von einer vertraulichen Behandlung der Daten ausgegangen werden. Allerdings ist es zweifelhaft, ob diese Vertraulichkeit überhaupt bedingungslos zugesagt werden kann. Bewertet sie nämlich z. B. den Umfang der vorgeschlagenen Maßnahmen des Meldenden als nicht aus-reichend, ist sie bekanntlich befugt und letztendlich verpflichtet, „selbst die Öffentlichkeit [zu] warnen, wenn andere … Maßnah-men … durch den Hersteller nicht oder nicht rechtzeitig getroffen werden." (§ 8 Absatz 4 GPSG). Ebenso sei an die Einbindung der so genannten beauftragten Stelle (die Bundesanstalt für Arbeits-schutz und Arbeitsmedizin, BAuA) erinnert, die bei Bedarf eben-falls an die Öffentlichkeit tritt. Eine absolute Vertraulichkeit der gemeldeten Daten kann also nicht zwingend erwartet werden.

1.9.1.3.2 Kommissions-Leitlinien für Meldung

Ende 2004 wurden von der Europäischen Kommission die „Leitlinien für die Meldung gefährlicher Verbrauchsgüter bei den zuständigen Behörden der Mitgliedstaaten durch Hersteller und Händler nach Artikel 5 Absatz 3 der Richtlinie 2001/95/EG des Europäischen Par-laments und des Rates" verabschiedet. Diese Leitlinien sind an die Mitgliedstaaten gerichtet. Sie dienen aber auch sehr gut zur Orien-tierung der Hersteller und Händler darüber, wie eine effiziente und konsequente Anwendung des Meldeverfahrens sichergestellt wer-den soll.

Die Leitlinie präsentiert neben dem dort vorgestellten Modell zur Risikoeinschätzung auch ein Musterformat zur „Meldung gefährli-cher Produkte". Eine Formularvorlage findet sich im Anhang.

Das Musterformat unterteilt die meldepflichtigen Angaben folgen-dermaßen:

a) Angaben über die Behörde(n)/Unternehmen, an die das Melde-formular gerichtet wird: Welche Behörde(n) und Unternehmen erhalten die Meldung und welche Rolle spielen diese Unterneh-men beim Inverkehrbringen des Produkts?

b) Angaben zu dem das Meldeformular ausfüllenden Händler/Hersteller (Definition in Artikel 2 Buchstabe e) der RaPS); der das Formular ausfüllende Mitarbeiter muss vollständige Angaben zu seiner Person und zu dem Unternehmen sowie zu dessen Rolle beim Inverkehrbringen des Produkts machen.

c) Angaben zu dem betroffenen Produkt; benötigt wird eine präzise Identifizierung des Produkts (Marke, Modell usw.) mit Fotos, um eine Verwechslung auszuschließen.

d) Angaben zur Gefährdung (Art und Merkmale) einschließlich Unfälle und Gesundheits-/Sicherheitsrisiken sowie Ergebnisse der nach Ziffer 3 (Meldekriterien) und Anhang II (Methodischer Rahmen) durchgeführten Risikoabschätzung und -bewertung.

e) Angaben zu getroffenen oder geplanten Korrekturmaßnahmen zur Reduzierung bzw. Beseitigung des Risikos für die Verbraucher, z. B. Rücknahme oder Rückruf, Abänderung, Verbraucherinformation usw., sowie zu dem dafür verantwortlichen Unternehmen.

f) Angaben zu allen Unternehmen in der Vertriebskette, die betroffene Produkte besitzen, und Hinweis auf die ungefähre Produktmenge bei Unternehmen und Verbrauchern (dieser Abschnitt gilt bei ernstem Risiko oder wenn der Hersteller/Händler die Meldung nur an die für ihn zuständige innerstaatliche Behörde schicken will).

Bei einem ernsten Risiko sind Hersteller und Händler verpflichtet, alle verfügbaren, zur Rückverfolgung des Produkts relevanten Informationen anzugeben. Die Informationsbeschaffung zu Abschnitt 6 des Meldeformulars (s. Muster im Anhang, Abschnitt 4.4.2) nimmt möglicherweise längere Zeit in Anspruch als bei den anderen Abschnitten, da die Informationen u. U. bei mehreren Stellen beschafft werden müssen. Die Unternehmen sollten dann die Abschnitte 1 bis 5 so bald wie möglich ausfüllen und übermitteln und Abschnitt 6 unmittelbar nachreichen, wenn die Informationen vorliegen und ein ernstes Risiko besteht oder wenn der Hersteller/Händler die Meldung nur an die für ihn zuständige innerstaatliche Behörde schicken will.

Verletzung der Meldepflicht als Ordnungswidrigkeit   1.9.1.4

Die Verletzung der gesetzlichen Meldepflicht stellt einen Ordnungswidrigkeits-Tatbestand dar. Dies hat zur Folge, dass Unternehmen bei einer unterlassenen, nicht richtigen, nicht vollständigen oder nicht rechtzeitigen Unterrichtung der Behörde mit einer Geldbuße von bis zu 3 000,– EUR belegt werden können (§ 19 Absatz 1 Ziffer 2 in Verbindung mit § 5 Absatz 2 Satz 1 GPSG).

An dieser Stelle sei vor einem sich abzeichnenden Spannungsfeld zwischen einer verfrühten und möglicherweise falschen (weil der Sachverhalt in der Kürze der Zeit nicht umfassend ermittelt werden konnte) Information einerseits und einer nicht rechtzeitigen Information andererseits gewarnt. Die Frage, zu welchem Zeitpunkt eine Behördeninformation veranlasst werden muss, ist nämlich nicht unumstritten. Nach dem Gesetzeswortlaut des GPSG müssen Unternehmen eine Meldung abgeben, sobald sie „eindeutige Anhaltspunkte" für eine Produktgefahr haben. Andererseits müssen sie die Behörde auch darüber informieren, welche Maßnahmen sie zur Beseitigung der Produktgefahr getroffen haben (§ 5 Absatz 2 Satz 1, 2. Halbsatz GPSG).

Auf den ersten Blick scheint daher nach dem Gesetzestext eine Verpflichtung zur Meldung erst nach vollständigem Abschluss der Untersuchung sowie Entscheidung über Art/Umfang der Korrekturmaßnahmen begründet zu sein.

Berücksichtigt man jedoch einerseits den Umstand, dass mit dem GPSG der Verbraucherschutz auf ein neues Niveau gehoben werden soll, andererseits die mit dem GPSG den Behörden eingeräumten Befugnisse, ggf. selbst (und damit u. U. gegen den Willen des Herstellers) die Durchführung von Korrekturmaßnahmen zu veranlassen, spricht einiges dafür, die Schwelle bis zum Eintritt einer Meldepflicht geringer anzusetzen.

Diese eher extensive Auslegung steht auch im Einklang mit der „Leitlinie für die Meldung gefährlicher Verbrauchsgüter" (siehe Abschnitt 1.8.1.3.2), in der eine mehrstufige Vorgehensweise empfohlen wird:

Den Behörden sollte hiernach bereits eine vorläufige Information zur Verfügung gestellt werden, sobald sie davon erfahren. Eine umfassende Information sollte „nachgereicht" werden, wenn das Risiko entsprechend hoch eingestuft wird (siehe „Leitlinie für die Meldung gefährlicher Verbrauchsgüter", Abschnitt 2.2.1.2).

Es wurde bereits erwähnt, dass die Leitlinien an die Mitgliedstaaten gerichtet sind und den Herstellern und Händlern lediglich als Orientierung dienen können. Gleichwohl entspricht diese mehrstufige Vorgehensweise bei der Meldung von Produktgefahren wohl eher dem mit der RaPS verfolgten Ziel einer präventiven Verbraucherschutzpolitik, die letztlich auch auf den behördlichen Vollzug des nationalen Rechts durchschlägt. Eine Behördeninformation bereits im Untersuchungsstadium für erforderlich zu erachten, ginge indes zu weit. Zu groß ist die Gefahr, dass die Behörde mit falschen, weil unvollständigen Informationen versorgt würde.

Im Rahmen der ersten Kontaktaufnahme mit der Behörde sollte dann im Bedarfsfall deutlich gemacht werden, dass es sich um eine vorläufige Mitteilung auf Basis der bislang gewonnenen Erkenntnisse handelt und eine weiter gehende Unterrichtung erfolgen wird, sobald auch darüber entschieden wurde, welche Maßnahmen zur Beseitigung der Produktgefahr durchgeführt werden. Mit der Behörde ist dann zu vereinbaren, wann/in welcher Weise weitere Details mitgeteilt werden. Vor einer Information der Behörde sollte unternehmensintern unbedingt die Rechtsabteilung und ggf. die Versicherung eingebunden werden. Es gilt nämlich zu vermeiden, dass die Meldung als Anerkenntnis einer bestimmten Sach- oder Rechtslage interpretiert wird, was mit dem Verlust von (Versicherungs-)Ansprüchen verbunden sein kann.

Schlussbemerkung zum Meldevorgang   1.9.1.5

Nachdem das Unternehmen seiner Meldepflicht nachgekommen ist, ist es möglich, dass sich die Behörde meldet. Bei Bedarf wird sie um weitere Informationen bitten oder unter Umständen ergänzende Maßnahmen auflegen.

Im oben vorgestellten Meldeformat II nach der Leitlinie der Europäischen Kommission machen die Inverkehrbringer gegenüber der RAPEX-Meldung (Meldeformat I) Angaben über die Anzahl der betroffenen Produkte in den verschiedenen (betroffenen) Märkten. Da die zuständige Behörde der Kommission eine RAPEX-Meldung senden wird, kommen Unternehmen der Behörde entgegen, wenn sie sich für das RAPEX-Formular entscheiden und zusätzlich die Mengenangaben der betroffenen Produkte und deren vermutlichen Aufenthaltsort – (also Handel(-sstufen) und Endkunden) – als Zusatzinformation mitliefern.

Exkurs: Meldepflicht nach amerikanischem Verbraucher-   1.9.2
schutz „Consumer Product Safety Act", CPSA

Neben der gesetzlichen Meldepflicht, die durch die RaPS eingeführt wurde, gibt es eine Reihe von anderen gesetzlichen Regelungen, die einem Unternehmen die Verpflichtung auferlegen können, über etwaige sicherheitsrelevante Qualitätsprobleme eine Aufsichtsbehörde zu informieren.

Im Gegensatz zu den recht jungen Anforderungen nach GPSG bestehen schon seit langem Meldepflichten für Verbraucherprodukte in den USA.

Die US-amerikanische Regierung, vertreten durch die Verbraucher-
schutzbehörde (Consumer Product Safety Commission, CPSC), erwartet, dass in Verkehr gebrachte fehlerhafte Produkte mit Potenzial
zu schwer wiegenden Benutzergefährdungen vom Markt zurückge-
nommen werden. Fehlerhaftes Vorgehen seitens Hersteller, Importeure, Händler kann zu empfindlichen zivilrechtlichen und strafrechtlichen Konsequenzen führen und darüber hinaus bei vorliegenden
Haftungsfällen (Produkthaftungsklagen) Basis für erfolgreiche Ansprüche auf „punitive damages" (Strafschadenersatz) sein.

Voraussetzung für die Berichterstattungspflicht gemäß dem Ver-
braucherschutzgesetz (Consumer Product Safety Act) CPSA ist, dass
das betroffene Produkt in die Kategorie der Verbraucherprodukte
(consumer products) gehört, es produziert oder vertrieben wurde,
um von Verbrauchern erworben bzw. verwendet zu werden. Die Definition ist vergleichbar mit der der europäischen Richtlinie bzw. des
deutschen GPSG. So gilt der Aspekt der Migration, also die Muta-
tion eines ursprünglich technischen Arbeitsmittels durch dessen
Verwendung im Rahmen verschiedener Dienstleistungen (z. B. Stichwort „rental business") in den USA ebenso.

Im Zweifelsfall empfiehlt es sich für Unternehmen im US-Markt, bei
einem festgestellten potenziellen Produktproblem zunächst anwalt-
liche Meinung zu konsultieren und die CPSC zu kontaktieren. Es wird
nichts schaden, wenn Unternehmen deutlich darauf hinweisen, das
Produkt werde ihrer Meinung nach im Markt (eigentlich) „professi-
onally used", es also nach deutscher Terminologie ein technisches
Arbeitsmittel und damit de jure nicht meldepflichtig sei. Schließt
sich die CPSC dieser Einschätzung an, wird ein weiteres Engagement
seitens der CPSC unterbleiben, insbesondere wenn auch die vorgeschlagenen Maßnahmen als angemessen überzeugen. Eine strafbe-
wehrte Konsequenz wegen nicht korrekter Meldung brauchen die
Unternehmen in diesem Fall sicherlich nicht zu fürchten.

Eine Meldepflicht an die CPSC beruht auf zwei möglichen Bedingungen:

a) Nach Abs. 37 des CPSA ist eine Eigenanzeige bei der CPSC fällig,
   sobald drei oder mehr Haftungsansprüche, die einen Produkt-
   fehler an einem bestimmten Modell betreffen, per Vergleich oder
   rechtskräftigem Urteil (gegen den Hersteller) oder eine Kombination beider Varianten innerhalb einer Zweijahresfrist abgeschlossen werden. Als Vergleich in diesem Zusammenhang werden auch so genannte Geringfügigkeitsvergleiche („nuisance
   value settlement") gesehen – Minimalzahlungen, um einen Haf-
   tungsfall schnell und kostengünstig aus der Welt zu schaffen.

Über alle Abschlüsse (ob per Gerichtsurteil oder Vergleich) müssen Unternehmen daher sorgfältig Buch führen, um Verstöße gegen den Artikel 37 des CPSA zu vermeiden.

b) Die weitaus überwiegende Anzahl der Selbstanzeigen bei der CPSC erfolgt aufgrund der Anforderungen gemäß Abs. 15 („section 15"), wonach Hersteller, Einzelhändler oder Importeur verpflichtet sind, die CPSC angemessen zu informieren bei Kenntnis eines Produktfehlers, der eine erhebliche Gefährdung darstellen kann, d. h., wenn ein Produkt einen Fehler mit einem schwer wiegenden Sicherheitsrisiko aufweist („defect in a product that could create a substantial product hazard, or an unreasonable risk of serious injury or death"). Als „unreasonable risk of serious injury" gilt eine Verletzung, die eine stationäre Behandlung des Verunfallten notwendig macht, wie z. B. gravierende Schnittverletzungen, erhebliche Verbrennungen oder Ähnliches.

Dem Anzeigepflichtigen wird ein angemessener Zeitraum für die Untersuchung des Problems zugestanden, allerdings wird die umgehende Information an die CPSC (innerhalb von 24 Std.) erwartet, sobald eine Entscheidung zu der Risikoeinschätzung vorliegt.

Im Gegensatz zu den relativ moderaten Sanktionen des GPSG, die drohen können, wenn Unternehmen der Meldepflicht nicht in angemessener Weise Folge leisten, scheut sich die CPSC nicht, in solchen Fällen teilweise äußerst empfindliche Strafen auszusprechen. „A strong message is coming from the CPSC now: you better report unsafe products and do it in a timely manner" (Product Safety Director For Consumer Federation of America, 1999). Verstöße gegen die Berichtspflicht einschließlich der zeitlichen Restriktion können mit empfindlichen Geldbußen in Millionenhöhe und strafrechtlichen Verfolgungen geahndet werden. Um rechtlicher Auseinandersetzung aus dem Weg zu gehen, vergleichen sich Unternehmen in Fällen, in denen ihnen unkorrekte Berichterstattung vorgeworfen wird, nicht selten für Beträge im Bereich einiger Hunderttausend USD.

Ziel involvierter Unternehmen sollte es sein, die Informationen bzgl. durchzuführender Rückrufmaßnahmen nach dem so genannten „fast track"-Programm abzuwickeln, das die Unternehmen als Berichterstattenden zwar zu einer schnellen Vorgehensweise auffordert, andererseits die Aktivität der CPSC auf die Überprüfung der Plausibilität ihrer Einschätzungen beschränkt und nicht zu eigener Vorgehensweise veranlasst.

1.9.3 Exkurs: Gesetzliche Meldepflicht nach dem US TREAD Act

Im Rahmen eines weiteren Exkurses soll zudem ein grober Überblick über die Anforderungen eines Gesetzes verschafft werden, durch das als Folge schwer wiegender Schadensfälle in der Automobilbranche in den USA die Gesetzgebung auf dem Gebiet der Sicherheit von Kraftfahrzeugen erheblich verschärft wurde, was nicht nur in den USA von Relevanz ist. Die Regelungen des so genannten US TREAD Act (Transportation Recall Enhancement, Accountability and Documentation Act) richten sich allein an Hersteller und Importeure von Kraftfahrzeugen, Anhängern, Kindersitzen, Fahrzeugteilen und -zubehör. Der nachfolgende Überblick enthält notwendigerweise nicht alle Informationen und Details. Für ein volles Verständnis der Bestimmungen sind Bezüge zum Gesetz, Ausführungsbestimmungen, Responses to Petitions for Reconsideration und Interpretationen notwendig.

Kern des US TREAD Acts sind umfangreiche Berichtspflichten der Automobilhersteller und -zulieferer gegenüber der US-Verkehrsbehörde NHTSA (National Highway Transportation and Safety Authority). Bei Nichterfüllung dieser Berichtspflichten drohen empfindliche Bußgelder, Geld- bzw. Freiheitsstrafen. Von besonderer Bedeutung ist, dass der US TREAD Act auch nicht in den USA ansässige Automobilhersteller und Hersteller von Fahrzeugteilen (Erstausrüstung oder Ersatzteile) dazu verpflichtet, Berichte über bestimmte Vorgänge und sicherheitsrelevante Maßnahmen, sogar wenn sie sich außerhalb der USA abspielen, an die NHTSA zu berichten.

Der US TREAD Act ist eine direkte Folge aus dem Fall Ford/Firestone, der im Sommer 2000 bekannt wurde. Durch Laufflächenablösungen bei Firestone-Reifen auf dem Ford Explorer kam es zu schweren Unfällen und zahlreichen Toten in verschiedenen Ländern der Welt. Ford führte eine Reihe von Aktivitäten außerhalb der USA durch, wie z. B. eine Serviceaktion durch die Händler in Saudi-Arabien, meldete diese aber nicht an die US-Verkehrsbehörde. Allein die Aussicht darauf, dass die NHTSA nur durch Kenntnis dieser Aktionen frühzeitiger das Ausmaß für die USA hätte erkennen und daraufhin reagieren können, führte zu der Verabschiedung des US TREAD Act, der der Behörde den Aufbau eines solchen Frühwarnsystems ermöglicht.

Im Wesentlichen können die Berichtspflichten in drei verschiedene Kategorien eingeteilt werden:

a) Berichtspflicht wegen Sicherheitsmängeln oder Nichteinhaltung von Sicherheitsbestimmungen bei Lieferungen in die USA

Die NHTSA ist ermächtigt, für Fahrzeuge und Fahrzeugteile Sicherheitsstandards zu erlassen sowie deren Einhaltung durch

Untersuchung von Sicherheitsmängeln in Fahrzeugen bzw. in Fahrzeugteilen zu kontrollieren.

Bereits vor In-Kraft-Treten der Bestimmungen des US TREAD Act waren die Fahrzeughersteller sowie die Hersteller von Fahrzeugteilen und Zubehör (auch ausländische Gesellschaften bezüglich Lieferungen in die USA) verpflichtet, bei Feststellung von sicherheitsrelevanten Mängeln oder bei Vorliegen von Verstößen gegen diese Sicherheitsstandards die NHTSA darüber innerhalb von fünf Arbeitstagen zu informieren.

Diese Verpflichtungen bleiben auch nach In-Kraft-Treten des US TREAD Act unverändert bestehen. Die Berichtspflicht obliegt bei Lieferungen von Fahrzeugteilen an verschiedene Fahrzeughersteller zwingend auch dem Teilelieferanten, bei Lieferung nur an einen Fahrzeughersteller kann die Berichterstattung durch einen der Beteiligten erfolgen.

b) Berichterstattung über ausländische Rückruf-/Sicherheitsaktionen

Durch den US TREAD Act wurden die Verpflichtungen der Fahrzeug- und Teilehersteller zur Information über im Ausland durchgeführte Produktkampagnen erweitert.

Die Berichtspflicht umfasst Sicherheitsaktionen im Ausland, die Rückrufe bzw. Kundendienstaktionen wegen sicherheitskritischer Mängel zum Inhalt haben. Erfasst sind dabei sowohl Entscheidungen des Herstellers selbst oder Anordnungen durch die ausländische Regierung (z. B. Kraftfahrtbundesamt).

Der erforderliche US-Inlandsbezug ist gegeben, wenn die betroffenen Produkte oder vergleichbare Produkte („substantially similar") in den USA zum Verkauf angeboten werden. Die Meldung ist innerhalb von fünf Arbeitstagen ab Entscheidung durch den Hersteller oder die staatliche Behörde abzugeben. Hier ist es ratsam, vor einer eigenständigen Meldung an die NHTSA vorab den Kunden zu informieren. Gleiches gilt auch bei der Beteiligung von mehreren Zulieferern untereinander, z. B. im Verhältnis von Systemlieferanten zu ihren Vorlieferanten.

Die Berichtspflicht zur Sicherheitsaktionen im Ausland entfällt, wenn eine entsprechende Aktion auch in den USA durchgeführt wird und diese bereits der NHTSA gemeldet wurde. Diese Aktion muss im Wesentlichen gleichartige Produkte erfassen und in ihrer Art und dem Umfang der im Ausland durchgeführten Aktion entsprechen.

c) Kommunikation mit zwei oder mehreren Fahrzeugherstellern, Händlern, Fahrzeugeigentümern („Service Bulletins")

Neben der Berichtspflicht, die letztlich durch einen Sicherheitsmangel ausgelöst wird (und daher den Meldetatbestand nach obigem Punkt a) oder b) erfüllt), gibt es auch Vorkommnisse an die NHTSA zu melden, die unabhängig vom Vorliegen eines sicherheitsrelevanten Fehlers sind.

Die an die NHTSA vorzulegenden Dokumente über Kampagnen zur Kundenzufriedenheit umfassen jegliche Kommunikation an zwei oder mehr Fahrzeughersteller, Händler oder Fahrzeugeigentümer über Fehler von Fahrzeugen/Fahrzeugteilen, unabhängig von der Sicherheitsrelevanz des Fehlers. Außerdem ist der NHTSA jegliche Kommunikation an zwei oder mehr Fahrzeughersteller, Händler oder Fahrzeugeigentümer über Hinweise in Bezug auf Reparatur, Austausch, Änderung von Fahrzeugen/Fahrzeugteilen auch ohne Vorliegen eines konkreten Defekts zu melden. Voraussetzung ist wiederum, dass das betroffene Fahrzeugteil selbst oder ein vergleichbares Produkt („substantially similar") in den USA zum Verkauf angeboten wird. Kopien dieser Hinweise sind fünf Arbeitstage nach Ende des jeweiligen Monats an die NHTSA zu ermitteln.

d) Frühwarnsystem

Durch den US TREAD Act wurde die NHTSA außerdem zur Einführung eines so genannten Frühwarnsystems ermächtigt, um schneller die Entwicklung möglicher sicherheitsrelevanter Probleme erkennen zu können. Auf Grundlage dieses Frühwarnsystems unterliegen Hersteller von Fahrzeugteilen und -zubehör im Gegensatz zu den Fahrzeugherstellern nach dem US TREAD Act einer eingeschränkten Berichtspflicht gegenüber der NHTSA. Diese Berichtspflicht besteht grundsätzlich unabhängig von den Berichtspflichten der Fahrzeughersteller und etwaigen vertraglichen Informationspflichten, die der Zulieferer gegenüber seinen Kunden eingegangen ist.

Eine noch viel weiter gehende (umfassende) Berichtspflicht gilt im Detail unterschiedlich für Hersteller von Kraftfahrzeugen, Anhängern, Reifen und Kindersitzen, die von der NHTSA festgelegte Volumina produzieren bzw. importieren. Im Rahmen der umfassenden Berichtspflicht sind z. B. Hersteller und Importeure von „light vehicles" verpflichtet, über in den USA zum Verkauf angebotene Produkte vierteljährlich tabellarische Berichte mit der Anzahl von

- produzierten bzw. importierten Fahrzeugen
- Gewährleistungsfällen
- Sachschäden

- Kundenbeschwerden
- Feldberichten von eigenem Personal, Händlerpersonal oder Flottenbetreibern (gilt nicht für Reifenhersteller)
- Unfällen mit Toten und/oder Verletzten mit und ohne Anspruch an den Hersteller, wenn ein behauptetes Produktverschulden vorliegt,

einzureichen.

Die eingeschränkte Berichtspflicht umfasst Informationen über Unfälle mit Todesfolge. Bei solchen Unfällen außerhalb der USA müssen hierbei Ansprüche gegen den Hersteller wegen möglicher Sicherheitsmängel erhoben werden; bei Unfällen mit Todesfolge in den USA genügt es, dass der Hersteller sonstige Informationen über angebliche/nachgewiesene Todesfälle erhalten hat, auch ohne Geltendmachung von Ansprüchen.

Unfälle mit Todesfolge sind in Quartalsberichten an die NHTSA zu liefern; bei Todesfällen im Ausland jedoch nur, wenn das betroffene Fahrzeugteil selbst oder ein vergleichbares Produkt („substantially similar") in den USA zum Verkauf angeboten wird.

Für die Verletzung der Meldepflicht nach dem US TREAD Act kann die NHTSA erhebliche Bußgelder (bis zu 15 Mio. USD) gegen die beteiligten Hersteller verhängen und Strafverfahren gegen die verantwortlichen Personen beantragen. Für die verantwortlichen Mitarbeiter des Herstellers können Geldstrafen bis zu 500 000 USD und Haftstrafen bis zu 15 Jahren Freiheitsentzug verhängt werden. Straffreiheit wird gewährt, wenn falsche oder unvollständige Berichte innerhalb von 30 Tagen ab Abgabe korrigiert werden.

Vergegenwärtigt man sich diese möglichen Sanktionen, so wird ersichtlich, dass im Rahmen des Aufbaus eines Rückrufmanagements der Erfüllung gesetzlicher Meldepflichten höchste Bedeutung beigemessen werden muss. Unternehmen müssen die Kommunikation, insbesondere innerhalb größerer Konzerne, so organisieren, dass Meldungen aus dem Feld, besonders aus dem Ausland, fristgerecht und zentral gesammelt, vor allem aber analysiert werden können.

Auch müssen die Verantwortlichkeiten hinsichtlich der Sammlung und Meldung von TREAD-relevanten Informationen sowie die Kommunikation mit Geschäftspartnern und Abnehmern klar definieren und den dann Verantwortlichen einen entsprechenden Stellenwert im Unternehmen geben, um eine schnelle und effektive Bearbeitung zu sichern.

Sofern ein Unternehmen vom US TREAD Act betroffen ist, sollte es jederzeit in der Lage sein, der Behörde, aber auch betroffenen

Geschäftspartnern, zu belegen, dass die notwendigen Strukturen, Prozesse und Kommunikationswege geschaffen wurden, um fristgerecht relevante Daten zu melden und, was viel wichtiger ist, mögliche Produktprobleme schnell zu erkennen und abstellen zu können.

1.9.4 Rechtfertigung der Meldepflicht an die Behörden

In der einleitenden Begründung zur Richtlinie 2001/95/EG des Europäischen Parlaments über die allgemeine Produktsicherheit, der „Mutter" aller nationalen Umsetzungen zur Produktsicherheit, wie des GPSG und seiner Gesetzesgeschwister im Verbund der europäischen Mitgliedsländer, wird ein hoher Anspruch an den Verbraucherschutz gefordert:

„Zur Gewährleistung eines hohen Verbraucherschutzniveaus hat die [Europäische] Gemeinschaft einen Beitrag zum Schutz der Gesundheit und Sicherheit der Verbraucher zu leisten" (Vorwort zur RL 2001/95/EG, (4)).

Unter anderem mit der Meldepflicht für Verbraucherprodukte setzt der Gesetzgeber dieses allgemeine Postulat in eine praktische Vorgabe um. Die Meldepflicht dient der Transparenz des Markts, indem sie „schwarze Produktschafe" in den Fokus unternehmerischer Aktivitäten rückt und damit einen Beitrag zur (gesetzgeberisch gewollten) Wahrung des Verbraucherschutzes leistet. Der Meldepflicht und den entsprechenden Maßnahmen bei Bedarf angemessen nachzugehen, sollte für einen seriösen Inverkehrbringer selbstverständlich sein, auch ohne ein drohendes euroschweres Damoklesschwert, wie es in den USA in Form der dortigen Bußgeldvollstreckungen und teilweise exzessiven Strafschadenersatzansprüche („punitive damages") üblich ist.

Allerdings kann neben diesem altruistischen Aspekt der Meldepflicht ihre Bedeutung zur Vermeidung von Wettbewerbsverzerrungen gar nicht deutlich genug betont werden.

„Es sind Maßnahmen zu treffen, die das Funktionieren des Binnenmarktes verbessern, der einen Raum ohne Binnengrenzen umfasst, in dem der freie Verkehr von Waren gewährleistet ist. ... Ohne Gemeinschaftsvorschriften können die ... Rechtsvorschriften ... zu einem unterschiedlichen Schutzniveau für die Verbraucher führen. Derartige Unterschiede ... könnten Handelshemmnisse und Wettbewerbsverzerrungen im Binnenmarkt bewirken." (Vorwort zur RL 2001/95/EG, (2), (3)).

Spricht die Richtlinie diesen Aspekt in ihrer Begründung abstrakt an, setzt ihn die Meldepflicht mit ihren verknüpften Konsequenzen (sprich bei Bedarf geforderten Maßnahmen) aktiv um.

Nicht nur Inverkehrbringer müssen (eigentlich) ihrer Meldepflicht nachkommen und (bei Bedarf) entsprechende Maßnahmen ergreifen. Bei Feststellung unsicherer Produkte im Markt haben ja auch die Behörden selbst das Recht und die Pflicht, korrigierend einzuschreiten. Und auch Verbraucher sowie andere Hersteller dürfen die Behörden auf festgestellte oder vermutete Unsicherheiten an Produkten aufmerksam machen und zu deren Überprüfung auffordern, um auf entsprechende Maßnahmen (produktverbessernde nämlich) hinzuwirken. Nicht selten sind derartige Unsicherheiten das Resultat fahrlässiger oder vorsätzlicher Missachtung von Anforderungen an die Produktkonformität. Der Produktmangel zulasten der Produktsicherheit korreliert oft direkt mit unberechtigten Kostenvorteilen und stellt so einen unzulässigen Wettbewerbsvorteil für diejenige Partei dar, die Produkte mit derartigen Unsicherheiten in Verkehr bringt.

Vor diesem Hintergrund gewinnt die Meldepflicht dank der mit ihr verknüpften Kompetenzen der Behörden, die ja von der Recherche des Vorgangs bis zum Verkaufsverbot der Produkte reichen, eine ganz neue Dimension.

Zusammenfassung 1.10

Rückrufmanagement, der Umgang mit möglicherweise unsicher in Verkehr befindlichen Produkten, deren Erkennung, Einschätzung möglicher davon ausgehender Risiken sowie Abwicklung gebotener Maßnahmen haben einen dezidierten rechtlichen Hintergrund, der u. a. eine Organisationsstruktur im Unternehmen erfordert.

Die Notwendigkeit zum Aufbau eines Rückrufmanagements ergibt sich aus verschiedenen Aspekten:

– rechtlichen Verpflichtungen

- GPSG für Verbraucherprodukte

- Rechtsprechung zum Produzenten- und Produkthaftungsrecht

- Vorschriften des Strafrechts

- Gesellschaftsrechtliche/Bilanzrechtliche Ansätze

– Überlegungen zum Versicherungsschutz.

Neben der Schaffung einer Organisation zur Produktbeobachtung, Risikoabschätzung und Bewältigung von Marktmaßnahmen ist auch an gesetzliche Meldepflichten zu denken. Wenn der Verdacht eines sicherheitsrelevanten Produktfehlers in Rede steht, müssen Unternehmen unter Umständen auch eine Meldung des Sachverhalts an eine Behörde vornehmen.

Die Einrichtung eines entsprechenden Managements ist übrigens auch aus rein unternehmerischen Gründen unverzichtbar. Denn erhöhte Kosten durch nicht rechtzeitige Reaktion auf mögliche Probleme an Produkten im Markt, der Image- und damit wirtschaftliche Schaden und nicht zu vergessen mögliche Schadenersatzansprüche auf Produkthaftung machen es einfach erforderlich, ein funktionierendes Rückrufmanagement zu etablieren.

Das Rückrufmanagement 2

Eingangs wurde ausgeführt, dass „der Hersteller, sein Bevollmächtigter und der Einführer eines Verbraucherproduktes ... Vorkehrungen zu treffen [haben], ... zur Vermeidung von Gefahren geeignete Maßnahmen zu veranlassen [haben], bis hin zur Rücknahme ... der angemessenen Warnung und dem Rückruf." (§ 5 (1) 1 c), GPSG). Dies ist nichts anderes als die (gesetzliche) Forderung nach einem Rückrufmanagement.

Zwar schränkt das GPSG diese Forderung nur auf Verbraucherprodukte ein, allerdings wird vor dem Hintergrund der Produzenten- und Produkthaftung und mit Blick auf strafrechtliche Konsequenzen die Sicherheit des Produkts bzw. der Schutz vor Gefahren durch einen unsicheren Produktzustand nach Inverkehrbringen für alle Produkte (also Investitionsgüter, Halbzeuge, Supplement-Artikel) zu wahren sein.

Die Organisation eines Rückruf- bzw. Rückrufmanagements sollte daher allgemeine Beachtung finden, unabhängig davon, ob Unternehmen technische Arbeitsmittel oder Verbraucherprodukte in Verkehr bringen.

Aus diesem rechtlichen Anspruch ist der Auftrag abzuleiten, im Unternehmen eine Organisation einzurichten, die sicherzustellen hat, dass

- ein Produkt (auch) nach Inverkehrbringen bei bestimmungsgemäßer Verwendung und unter Berücksichtigung vorhersehbaren Fehlgebrauchs gefahrlos bleibt bzw.

- einer festgestellten potenziellen Gefährdung umgehend und angemessen entgegengewirkt werden kann.

Vor diesem Hintergrund und der daraus abgeleiteten Konsequenzen lassen sich drei konkrete Aufgabenschwerpunkte postulieren, nämlich:

1. Produktbeobachtung
   Wie verhält sich das Produkt im Markt?
   Erkennen von sicherheitsrelevanten Auffälligkeiten.

2. Risikoabschätzung
   Systematische Auswertung der Beobachtungsergebnisse auf mögliche (Sicherheits-)Risiken und angemessene Analyse.

3. Weiterführende Maßnahmen
   Umgang mit Abweichungen:
   normales Änderungsprozedere
   oder
   Warnung/Rücknahme/Rückruf
   plus Meldepflicht bei Verbraucherprodukten.

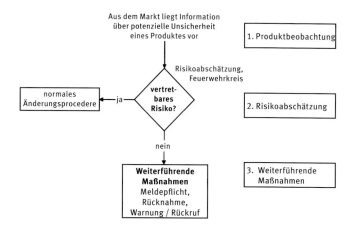

Bild 1: Produktintegritätsmanagement

2.1 Produktbeobachtung

2.1.1 Überblick

Ein langfristiger unternehmerischer Erfolg wird sich einstellen, wenn – wie ein Bonmot in der Wirtschaft lautet – nicht die Produkte, sondern die Kunden zurückkommen. Aus dieser Überlegung heraus haben Unternehmen ein natürliches Interesse an der Kenntnis über das Produktverhalten im Allgemeinen sowie die damit verbundene Kundenzufriedenheit im Besonderen und werden eine Produktbeobachtung sowieso installieren. Verschiedene dabei betrachtete Aspekte über das Sich-Bewähren des Produkts nach Inverkehrbringen (z. B. Lebensdauer, Reparaturanfälligkeit, Wirtschaftlichkeit) sollen hier jedoch nicht Gegenstand unserer Betrachtungen sein.

Es steht vielmehr allein die Sicherheit des Anwenders im Umgang mit dem Produkt im Mittelpunkt. Sie zu wahren, dürfen sämtliche Inverkehrbringer als primäre Verkehrssicherungspflicht verstehen. Sie sind verantwortlich, das Verhalten ihrer Produkte nach dem Inverkehrbringen zu beobachten, um es anschließend zu bewerten und bei Bedarf angemessene Konsequenzen einleiten zu können. Besonderes Augenmerk haben sie dabei auf die Beobachtung sicherheitsrelevanter Vorkommnisse zu legen.

Es besteht kein Zweifel, dass Unternehmen im Vorfeld alles Erdenkliche tun, um Produkte in verkehrssicherem Zustand auszuliefern. Erfahrungsgemäß wird es aber nie ganz auszuschließen sein, dass sich an einem Produkt ein unsicherer Zustand nach Inverkehrbringen einstellt. Die Ursachen dafür lassen sich generell folgendermaßen unterscheiden:

- Das Produkt hat einen sicherheitsrelevanten Fehler, der aber beim Inverkehrbringen unbemerkt blieb (z. B. fehlerhaftes Fertigungslos).

- Ein unsicherer Zustand des Produkts stellt sich erst nach Inverkehrbringen ein. Dies können im Vorfeld nicht beachtete Einsatzbedingungen sein (z. B. durch klimatische Auswirkungen, wie UV-Strahlung, bedingter Ausfall von Kraftstoff führenden Bauteilen, Transport- und Logistikschäden) oder unberücksichtigte Kombinationen des Produkts mit anderen (z. B. die Verwendung von artfremden Anbauteilen anderer Hersteller, die zu einem unsicheren Zustand des Produkts führen).

- Ein (Fehl-)Gebrauch des Produkts, der infolge unzureichender Einschätzung der Nutzer nicht erwartet und nicht vorhergesehen wurde (z. B. Produktmigration eines ursprünglich technischen Arbeitsmittels: Laserpointer wird als Kinderspielzeug verwendet).

Der insbesondere produkthaftungsrelevante Aspekt, ob die hier beschriebenen Ursachen für ein unsicheres Produkt beim Inverkehrbringen überhaupt hätten festgestellt werden können („Stand von Wissenschaft und Technik"), wird an dieser Stelle nicht betrachtet.

Vielmehr geht es allein darum zu zeigen, dass ein Produkt (plötzlich) nach Inverkehrbringen nicht (mehr) sicher sein kann.

Produktbeobachtung hat zunächst ein reaktives Moment, nämlich tatsächlich aufgetretene Schäden in Verkehr gebrachter Produkte zu erfassen und darauf bei Bedarf zu reagieren. Allerdings können Unternehmen sie auch als ein präventives Instrument nutzen, indem sie die Erkenntnisse vom Markt umsetzen mit dem Ziel, zukünftig in Verkehr zu bringende Produkte zu optimieren und Fehlermöglichkeiten zu vermeiden.

Es gilt zu bedenken, dass Produktbeobachtung dazu beiträgt, den Stand von Wissenschaft und Technik zu wahren. Dies geschieht nämlich dadurch, dass Unternehmen den Markt auch hinsichtlich allgemeiner Entwicklungen zu ihrem Produkt und natürlich hinsichtlich des öffentlichen Auftritts ihres Wettbewerbs beobachten. Als Informationsquellen dafür bieten sich an:

- Anzeigen

- Werbematerial

- Messepräsenz

- Produktliteratur (Gebrauchs-/Betriebsanleitung, Warnhinweise am Produkt)
- Begutachtung von Wettbewerbsprodukten
- wissenschaftliche Veröffentlichungen zum Produkt
- Änderungen in Normen oder Vorschriften
- Unfallstatistiken (z. B. der Berufsgenossenschaften).

Einem innovativen Hersteller, der auch auf dem Gebiet der Produktsicherheit dynamisch entwickelt und regelmäßig mit Innovationen aufwartet, bietet sich die Chance, durch technische Führerschaft auch auf diesem Gebiet einen neuen Stand der Technik zu etablieren. Mit einem neuen Orientierungsmaßstab fordert er seinen Wettbewerber heraus, setzt ihn durch die eigene Vorreiterrolle unter Druck und steigert sein Image und damit die eigene Wettbewerbsfähigkeit.

2.1.2 Umfang der Produktbeobachtung

Produktbeobachtung unter dem Gesichtspunkt der Produktintegrität, zur Schadensvermeidung und/oder Haftungsbegrenzung, bezieht sich auf und beschreibt eine Informationserfassung mit dem ganz konkreten Ziel, die Sicherheit des Anwenders von in Verkehr gebrachten Produkten zu wahren. Sie hat sich daher auf (Schadens-)Beobachtungen zu konzentrieren, die ein sicherheitsrelevantes Potenzial besitzen. Unter dieser Voraussetzung müssen Unternehmen für ihr Produkt bzw. ihr Produktportfolio einen Katalog an sicherheitsrelevanten Aspekten vorbereiten und zur Verfügung stellen, an dem sich die mit der Beobachtung betrauten Stellen orientieren können. Einen solchen Katalog werden die Hersteller anhand der Gefährdungsanalyse des Produkts aufbauen. Er wird u. a. Bauteile, Funktionen und Produkteigenschaften betreffen, die im Versagensfall z. B. durch ungewollt frei werdende Energie Schaden anrichten können.

Folgend ein beispielhafter Katalog für Schäden und die von ihnen ausgehenden Gefährdungen:

Tabelle 2.1: Sicherheitsrelevante Schäden an Produkten nach Inverkehrbringen (Auszug)

Schaden	Gefährdung
Beschädigung/Ausfall von Sicherheits-einrichtungen	Verlust der Sicherheitsfunktion
Schaden an schnell beweglichen rotieren-den Bauteilen	Gefahr durch Stoßen, Quetschen, Bersten
Leckage an Kraft-/Brennstoff-/Chemikalien-führenden Komponenten	Gefahr von Brand, Explosion, Vergiftung, Verätzung
Schaden an elektrischen Isolationen oder Strom führenden Produkten	Stromschlag, Funkenbildung, Brandgefahr
Ausfall/Störung an Steuer- und Bedienele-menten	Verlust der Kontrolle über das Produkt
Schaden an Druck führenden Bauteilen/Anlagen	Berstgefahr
unvollständige, fehlende, fehlerhafte produktbegleitende Informationen (wie Betriebsanleitung, Warnhinweisschilder)	Informationsmangel, dadurch potenzielle Gefährdung aller Art

Wie z. B. das GPSG ausführt, ist der Umfang der Produktbeobachtung „abhängig vom Grad der von dem Produkt ausgehenden Gefahr
und der Möglichkeit diese abzuwehren" (§ 5 Absatz 1 Satz 2 GPSG).
Das heißt, Unternehmen dürfen beim Aufbau einer entsprechenden
Organisation durchaus den betriebenen Aufwand in einem der potenziellen Gefährdung ihrer Produkte angemessenen Umfang halten.
Es gilt das Prinzip der Verhältnismäßigkeit.

An die Definition eines Katalogs der sicherheitsrelevanten Schäden
für Produkte schließt sich die Installation einer Produktbeobachtung
an, die folgende Aufgaben umfasst:

Informationen

– gemäß Schadenkatalog im Markt erfassen

– im Unternehmen an eine zentrale, zu benennende Stelle übermitteln

– im Unternehmen angemessen verarbeiten.

Die Möglichkeit der Informationserfassung und -übermittlung hängt
maßgeblich von der Art des Vertriebssystems für die Produkte ab. Mit
anderen Worten, für ein über die (in der Regel) anonyme Großfläche
(Discounter) vertriebenes Massenprodukt wird die Produktbeobachtung deutlich unterschiedlich sein zu einem in geringer Stückzahl

an individuelle Endabnehmer gelieferten technischen Arbeitsmittel oder zu einem Zulieferprodukt.

2.1.3 Zeitliche Abgrenzung

Produktbeobachtung ist eine Pflicht, die mit dem Inverkehrbringen des Produkts beginnt und seine erwartete Lebensdauer umschließt. Wer mithin langlebige Produkte in Verkehr bringt, muss bedenken, dass sich aus dem Deliktsrecht langjährige Verjährungsfristen ableiten lassen. Dabei gilt es nicht allein, das deutsche Recht, sondern alle Rechte aller Vertriebsregionen im Blick zu behalten.

Im Übrigen ist Rahmen der Produktbeobachtung auch der Aspekt der Produktentsorgung zu berücksichtigen.

2.1.4 Informationserfassung und -übermittlung

2.1.4.1 Informationsquellen für die Produktbeobachtung

Um entsprechende Informationen zu erhalten, stehen verschiedene Quellen zur Verfügung: nämlich der Kunde selbst, die Vertriebskette (der Handel) sowie die eigene aktive Recherche. Je nach Quelle wird es unterschiedliche Arten der Erfassung geben, über die die Informationen zugehen. In Tabelle 2.2 sind Informationsquellen und Erfassungsarten dargestellt:

Tabelle 2.2: Informationsquellen für die Produktbeobachtung

Quelle der Information	Art der Erfassung	
1. Kunde/Markt	1.1	selbstständige Meldung
	1.2	Eingangsplattform des Herstellers („Sorgentelefon", „Kummerkasten", spezielle Internetadresse)
	1.3	Abfrage beim Kunden
	1.4	Garantieanspruch/Reklamation
	1.5	Schadenersatzanspruch
	1.6	Anfrage einer Behörde
2. Handel	2.1	Kontakt mit Kunden
	2.2	Erfassung Garantie-/Reparaturfälle
	2.3	Abfrage beim Handel
3. Hersteller	3.1	eigene Marktbetreuung
	3.2	Garantie-/Ersatzteilauswertung
	3.3	eigene marktnahe Erprobung
	3.4	geregelte Beobachtung
	3.5	gezielte Internetrecherche

Erläuterungen zur Tabelle 2.2

▷ Zu 1.1 selbstständige Meldung

Die vom Kunden aus freien Stücken aus unterschiedlichem Anlass übermittelte Information über das Produkt geht – fernmündlich, elektronisch (per E-Mail) oder schriftlich – an eine zufällige Adresse. Dies kann z. B. der Händler sein oder eine zufällige Kontaktadresse des Unternehmens oder bei Zulieferern des Kunden. Unternehmen müssen sich zuverlässig organisieren, sodass derlei Information systematisch ausgewertet, sicherheitsrelevante Fakten erkannt und umgehend einer bestimmten Organisationseinheit ihres Unternehmens (z. B., und hier im Weiteren so genannt, dem Kundendienst) für die weitere Bearbeitung zugeleitet werden (siehe dazu Abschnitt 2.1.4.4).

Gehen diese Informationen beim Handel ein, sei auf Punkt 2.1 dieser Tabelle verwiesen.

▷ Zu 1.2 Eingangsplattform des Herstellers

Im Gegensatz zu 1.1 ist hier der Eingang der Information festgelegt (z. B. vorgegebene Telefonnummer oder in der Betriebsanleitung, Werbung o. Ä., publizierte Internetadresse des Herstellers). Bezüglich der Weitergabe der Information zum Kundendienst gilt das zu 1.1 Gesagte.

▷ Zu 1.3 Abfrage beim Kunden

Mithilfe der Fragebogentechnik können Unternehmen Informationen über ihr Produkt vom Kunden einholen. Diese Informationsquelle bietet sich vor allem beim Inverkehrbringen (Verkauf) an, kann aber auch dem Kunden, so man ihn kennt, zeitlich versetzt nach Kauf zugestellt werden. Über diese Art der Erfassung werden Hersteller vermutlich schwerpunktmäßig Informationen über die Kundenzufriedenheit in allgemeiner Form erhalten. Je nach Frage sind allerdings auch Informationen über – bislang – unbekannte Anwendungen denkbar.

▷ Zu 1.4, 2.2, 3.2 Garantie-/Ersatzteilauswertung

Die vom Kunden beim Handel (oder beim Hersteller) gestellten Garantie- oder Gewährleistungsanträge sowie die Ersatzteilabgänge an den Handel (oder den Endkunden), aus denen Reparaturvorgänge ableitbar sind, werden zentral erfasst und (z. B. durch den Kundendienst) regelmäßig, z. B. statistisch, und kritisch auf besondere Häufungen im Bereich der sicherheitsrelevanten Teile geprüft. Ein Kriterium für die Erkennung der Garantie- und Ersatzteile als sicherheitsrelevant ist für eine solche Auswertung natürlich erforderlich.

▷ Zu 1.5   Schadenersatzforderung

Ein Sonderfall, dem in der Regel ein Schadensfall zugrunde liegen wird. Die Forderung kann sowohl an den Handel als auch direkt an den Hersteller adressiert werden und muss (noch) nicht mit einer gerichtlichen Klage verbunden sein. Umgehende Weitergabe derartiger Informationen an den Kundendienst ist erforderlich. Versicherer und Rechtsbeistand (Syndikus oder externe Kanzlei) sollten im Fall einer Klage sofort und möglichst frühzeitig eingebunden werden.

▷ Zu 1.6   Anfrage einer Behörde (z. B. Marktaufsicht)

Auch über diese Quelle können Unternehmen auf eine möglicherweise problematische Situation aufmerksam gemacht werden. Marktaufsichtsbehörden haben die ausdrückliche Aufgabe, in Verkehr gebrachte Produkte wirksam zu überwachen. Anzeigen Dritter oder eigene Erhebungen können die Behörden dazu veranlassen, bei Verdacht auf Mängeln mit dem Hersteller Kontakt aufzunehmen. Neben der umgehenden Recherche des Vorgangs haben die Inverkehrbringer in solch einem Fall auch angemessen Stellung zu nehmen.

Eine Mitteilung seitens der Marktaufsicht sollte jedes Unternehmen zu einer kritischen Analyse des eigenen Beobachtungssystems veranlassen. Denn es sollte eigentlich eigener Anspruch sein, mögliche Mängel selbst und vor allem zuerst festzustellen.

▷ Zu 2.1   Kontakt mit Kunden

Neben dem unter 1.1 und 1.2 Beschriebenen bietet sich durch den Kontakt des Handels zum Kunden (z. B. in Form von Beratungsgesprächen im Rahmen von Wartung oder Service) die Möglichkeit zu weiterer Information über Produktauffälligkeiten oder gar Unfälle. Der Handel sollte daher zu besonderer Aufmerksamkeit angehalten und regelmäßig einschlägig geschult werden. Die Datenerfassung (z. B. bei einer Unfallmeldung) wird mithilfe spezieller Berichtsformulare, die dem Handel zur Verfügung gestellt werden, erleichtert und systematisiert.

▷ Zu 2.3   Abfrage beim Handel

Eine Sonderform der Abfrage beim Kunden (siehe Abschnitt 1.3), die man z. B. in Form einer Fragebogenaktion beim Handel durchführen kann.

▷ Zu 3.1   eigene Marktbetreuung

Unternehmen können Produktbeobachtung durch eigene Ressourcen (z. B. Außendienstmitarbeiter) betreiben, sei es durch direkten Kontakt mit dem Handel oder durch Besuch beim Kunden vor Ort. Diese Informationsquellen bieten sich an, um neben technischen Auffälligkeiten (Mängel) auch besondere Einsatzbedingungen, unbekannten und nicht vorgesehenen Gebrauch oder bislang unbekannte Kombinationen mit anderen Produkten festzustellen.

▷ Zu 3.3   marktnahe Erprobung, Stichproben

Diese Option nennt das GPSG in § 5 Absatz 1 Satz 2 explizit: „bei den in Verkehr gebrachten Verbraucherprodukten ... gebotenen Stichproben durchzuführen". Hersteller können dieser Option nachkommen, indem sie Produkte aus der Serienherstellung im Testfeld erproben und dabei dem Kundengebrauch nahe kommende Einsatzbedingungen simulieren oder bei ausgesuchten Anwendern unter realem Einsatz erproben. Diese Art der Produktbeobachtung wird sich besonders dann anbieten, wenn keine anderen Daten verfügbar sind, keine Garantiedaten vorliegen oder kein aussagekräftiger Kontakt mit Kunden oder dem Handel besteht (z. B. im OEM-Bereich).

▷ Zu 3.4   geregelte Produktbeobachtung

Hierunter ist eine vom Hersteller organisierte Systematik zur Produktbeobachtung zu verstehen, die auf enger Kooperation mit Partnern, z. B. den Handelsstufen, basiert und mit diesen geregelt sein sollte (z. B. vertragliche Vereinbarung). Vom Prinzip her wird ein Verfahren wie unter 2 beschrieben vertraglich mit einem Partner vereinbart („Outsourcing").

▷ Zu 3.5   gezielte Internetrecherche

Mittels systematischer Recherche im Internet können Unternehmen versuchen, z. B. durch die Teilnahme an so genannten Chatrooms, Informationen zu bestimmten Themen zu sammeln, z. B. „Fanclubs" zu speziellen PKW. Dies ist ein Verfahren, wie es in der Automobilindustrie vereinzelt schon üblich ist. Die Zukunft wird das Internet als Recherchepool weitaus deutlicher entdecken und ggf. sogar eigenständige Produktbeobachtungsdienstleister kennen.

Umgang mit Gefahrenmeldungen   2.1.4.2

Eine Hauptaufgabe im Umgang mit Informationen vom Markt – jedweder Art – besteht darin, prozesssicher die produktintegritätsrelevanten Fakten herauszufiltern und an einer zentralen Stelle zur weiteren Bearbeitung auflaufen zu lassen. Hier müssen Unternehmen organisatorisch dafür Sorge tragen, dass nach Möglichkeit kein Durchschlupf stattfindet, dass also keine kritischen Meldungen vom Markt verloren gehen. Bild 2 stellt schematisch den Ablauf der Produktbeobachtung dar.

Die in Tabelle 2.1 vorgestellte Übersicht der sicherheitsrelevanten Schäden stellt dabei das filternde Raster dar, das an jeder Stelle, die

Informationen vom Markt erhält, angewendet wird. Ein System wird letztendlich auf verschiedene Arten der Informationserfassung aus verschiedenen Quellen gemäß Tabelle 2.2 zugreifen.

Zu beachten sind folgende Regeln:

- die Übersicht ist allen Quellen der am Produktbeobachtungsprozess Beteiligten zur Verfügung zu stellen und die Liste bis in die Vertriebsschiene zu verteilen,
- elektronische Medien sind einzusetzen (Unternehmens-Intranet),
- die Übersicht ist aktuell zu halten,
- die Beteiligten sind regelmäßig zu schulen und
- zu sensibilisieren,
- der gesamte Prozess ist schließlich zu auditieren.

Der zentralen Auswertestelle, z. B. dem Kundendienst, obliegt im Anschluss die Auswertung der erhaltenen Informationen.

Es liegt auf der Hand, dass die Mitarbeiter aus der zentralen Auswertestelle über ausreichende Fachkompetenz verfügen müssen, um die hier beschriebene Auswertung treffsicher und zuverlässig vorzunehmen. Bestätigen sich Anzeichen für eine kritische Situation, wird der dann umgehend eingeschaltete erweiterte Kreis (PI-Kernteam/ „Feuerwehrkreis", siehe Abschnitt 1.3) auf den Plan treten und eine erste Risikobeurteilung vornehmen, insbesondere vor dem Hintergrund, ob noch weitere Produkte mit ähnlichem Potenzial auf sicherheitsrelevante Schäden im Markt zu erwarten sind. Eine positive Einschätzung generiert eine potenzielle Krisensituation.

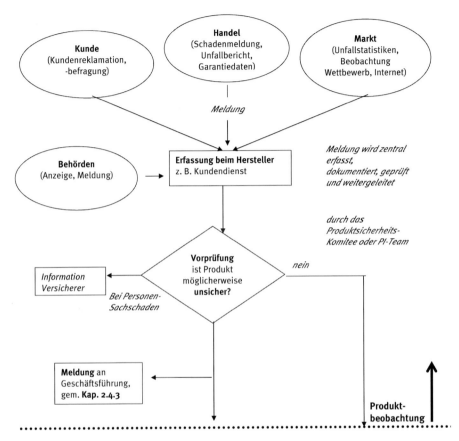

Bild 2: Produktbeobachtung
Umgang mit Information über potenziell sicherheitsrelevante Produktauffälligkeiten

Informationsweitergabe an die Unternehmensleitung 2.1.4.3

Zum Zweck der frühzeitigen Information der Geschäftsleitung sollten Unternehmen sicherstellen, dass umgehend über mögliche Krisensituationen Bericht erstattet wird. Die Information sollte Schadenumfang und Risikoeinschätzung, soweit möglich, beinhalten.

Es liegt im originären Interesse der Geschäftsleitung, frühzeitig in Kenntnis gesetzt zu werden über Wolken am Himmel, die das Potenzial für ein schweres Unwetter besitzen. Die rechtzeitige Informierung der Unternehmensleitung gibt ihr die Chance, von Anbeginn involviert zu sein und den Vorgang mit notwendiger Priorität auszustatten.

Parallel zur Mitteilung an die Unternehmensleitung wird das PI-Team die Risikoeinschätzung gemäß Abschnitt 2.2.1 vorantreiben.

Eine konsequente Vorgehensweise im Umgang mit dem Instrument der Alarmmeldung kann bisweilen zu voreiliger Krisenstimmung führen. Unter der Voraussetzung, dass sich Fehlalarme nicht inflationär entwickeln, was unternehmensintern zu einer kritischen Analyse der im Vorfeld Beurteilenden veranlassen sollte, ist es jedoch vorzuziehen, die eine oder andere Alarmmeldung abzuschließen, als von einer Krise unerwartet überrascht zu werden.

2.1.4.4 Beispielhafte Beschreibung einer Produktbeobachtung

Im Folgenden soll exemplarisch ein Produktbeobachtungssystem vorgestellt werden, das Aspekte nach 1.1, 1.2, 1.5, 2.1 und 3.2 der Tabelle 2.2 zur Informationsbeschaffung erfasst.

a) Es sei eine Regelung zwischen Hersteller und Handel (ggf. Großhandel) vereinbart. Sie soll das Vorgehen beschreiben, sicherheitsrelevante Schäden von in Verkehr gebrachten Produkten zuverlässig und schnell am Markt zu erfassen und dem Hersteller umgehend zuzuführen. Zweck: Einschätzung („Risikountersuchung") und eine mögliche Einleitung weiterer Schritte („Rückrufmanagement", „Rückruf") durch das PI-Kernteam/den „Feuerwehrkreis" des Herstellers.

b) Jegliche sicherheitsrelevanten Schäden am Markt, insbesondere die mit gefährlichem, gar lebensbedrohlichem Potenzial müssen vom Handel/Großhandel umgehend einer festgelegten Stelle des Herstellers, z. B. dem Kundendienst, zur Kenntnis gebracht werden. Ein Meldeformular bietet sich zur systematischen Übermittlung an. Schäden, die in diese Kategorie fallen, sind zu bestimmen und zu katalogisieren (z. B. anhand von Anmerkungen zu der Tabelle 2.1, Sicherheitsrelevante Schäden an Produkten nach Inverkehrbringen).

Die Informationsübermittlung sicherheitsrelevanter Schäden von anderen Quellen (Sorgentelefon, postalischer oder „Internet-Kummerkasten", eigene Marktbetreuung) an den Kundendienst als zentrales Sammelorgan muss zuverlässig organisiert sein.

c) Jede Schadensmeldung ist umgehend nach Eingang beim Hersteller darauf zu überprüfen, inwiefern eine mögliche Unsicherheit (Fehler) an dem Produkt vermutet werden muss oder gar ein Personen- oder Sachschaden vorliegt. Unter diesen Bedingungen ist diese Meldung zur weiteren Bearbeitung dem PI-Team zuzuführen. Da sich in einem solchen Fall eine mögliche Krisensituation abzeichnet, bietet es sich an, frühzeitig die leitende

Ebene des Unternehmens in Kenntnis zu setzen. Sollte vom Feld ein Personen- oder Sachschaden gemeldet werden, empfiehlt es sich, den Versicherer bereits zu diesem frühen Zeitpunkt zu informieren. Das PI-Team wird umgehend eine Risikoeinschätzung durchführen und die Notwendigkeit weiterreichender Maßnahmen (wie z. B. Meldepflicht, Rücknahme, Rückruf) prüfen und veranlassen.

Liegt dagegen kein unsicherer Zustand bei dem gemeldeten Produkt vor, kann die Meldung in den normalen Prozess der Reklamationsabwicklung eingeleitet werden.

Insbesondere wenn das Vertriebskonzept auf dem (Service anbietenden) Fachhandel basiert und das Unternehmen Kontakt mit einem (End-)Kunden pflegt, wird man mithilfe dieser Regelung mit gutem Erfolg Produktbeobachtung betreiben können.

Produktkennzeichnung – Rückverfolgbarkeit   2.1.5

Um die Produktbeobachtung auswerten zu können, müssen die Produkte auf ein bestimmtes Herstell-Los (Charge) rückverfolgt werden können. Die Rückverfolgbarkeit der Ware ist ein wichtiges Hilfsmittel für ein professionelles und effizientes Rückrufmanagement. Ein Hersteller, der sein Produkt nicht zuverlässig identifizieren und einem speziellen Fertigungsumfang (Charge) zuordnen kann, handelt blind. Eine Maßnahme im Markt (Stichwort „Rückruf") erfordert dann einen völlig unverhältnismäßigen Aufwand, weil die tatsächlich involvierte (mangelhafte) Charge nicht gezielt angesprochen werden kann und der betroffene Warenumfang unnötig erweitert werden muss.

Die Kennzeichnung soll das Produkt einer Charge zuordnen, d. h., neben einer möglicherweise notwendigen Teilenummer ist ein (kodiertes) Herstelldatum nötig.

Wenn Unternehmen ein Markenzeichen unterbringen, machen sie es – ein zusätzlicher Nutzen – Produktpiraten (zumindest rechtlich) schwerer. Ein Nachbau des Produkts inklusive Namenszugs wird zur Fälschung.

Die Kennzeichnung ist verknüpft mit Herstelldaten wie:

- Herstelldatum (Herstell-Los)
- Fertigungsdaten (Stückliste)
- Material (Chargendaten)

und gibt eindeutig Aufschluss über die Zusammensetzung des Produkts bei der Herstellung. So kann ein am Markt beobachtetes potenziell schadhaftes Produkt mithilfe seiner Kennzeichnung einem bestimmten Herstellungslos zugeordnet werden. Damit ist der Umfang der möglicherweise von dem Schaden betroffenen Produkte, nämlich bestimmte Herstelllose, zu ermitteln. Werden Maßnahmen für die Produkte am Markt ergriffen, können mithilfe der Kennzeichnung diese Produkte am Markt ebenfalls identifiziert und damit gezielt für die Maßnahme erfasst werden.

Die Kennzeichnung der Produkte entsteht in der Regel im Rahmen der Herstellung, spätestens bei der Auslieferung, und ist unverlierbar sowie eindeutig am Produkt aufzubringen.

Am Einzelteil und/oder dem Gesamtprodukt bieten sich an

– Guss-/Spritzuhr

– Stempelung

– Farbmarkierung

– Laserbeschriftung

– elektronische Speicherung.

Bei der Auswahl eines für das Produkt passenden Verfahrens sollten folgende Aspekte bedacht werden:

– Haltbarkeit der Kennzeichnung über die Lebensdauer des Produktes

– Positionierung auf dem Produkt

– Manipulierbarkeit

– Verschmutzung, Beschädigung, Verlust

– klimatische und Betriebseinflüsse (Feuchtigkeit, Temperatur, Verschleiß etc.)

– Teileaustausch (Aufbringen der Herstellnummer auf Ersatzteilen ermöglichen)

– Erfassbarkeit bei Auslieferung (z. B. elektronische Lesbarkeit – Barcode)

– Dokumentation der Daten (Speicherung mindestens für die Lebensdauer des Produkts).

Von Aufklebern ist abzuraten.

Zum Zweck einer vollständigen Dokumentation ist zu bedenken, dass die gekennzeichneten Teile (natürlich) mit Unterlagen korrespondieren müssen, die das Unternehmen oder eine Lieferantenkette bereithält. Aus diesen Daten sollten qualitätssichernde Informationen (Prüfergebnisse, Materialzeugnisse etc.) ableitbar sein. Wird nicht jedes Produkt mit einer individuellen Kennzeichnung versehen (so wie beispielsweise eine Kfz-Fahrgestellnummer), ist zumindest ein Schluss auf den Chargenumfang notwendig.

2.1.6 Zusammenfassung

Produktbeobachtung ist Auge und Ohr des Rückrufmanagements, mit denen das Unternehmen aktiv das Verhalten seines Produkts im Markt verfolgen und auf (sicherheitsrelevante) Störfälle frühest-möglich korrigierend Einfluss nehmen kann. Wenn Unternehmen Ver-braucherprodukte in Verkehr bringen, sind sie ohnehin gesetzlich zur Organisation einer Produktbeobachtung verpflichtet. Angepasst auf das Unternehmen sind Informationen aus unterschiedlichen Quellen (Handel, Kunde, eigene Recherche, Sorgenhotline etc.) zu erfassen, die durch ein festgelegtes Beurteilungsraster auf Sicherheitsrele-vanz gefiltert werden und in einer zentralen Stelle des Unternehmens (z. B. dem Kundendienst) auflaufen. Von dort wird nach Bestätigung eines kritischen Befunds die Geschäftsleitung informiert und eine Risikoabschätzung durch das Produktsicherheits-Komitee, PI-Team, initiiert.

Risikoabschätzung 2.2

Die Risikoabschätzung oder auch -analyse hat zum Ziel, die Schwere eines Schadens (Schadenpotenzial) aufgrund eines unsicheren (Produkt-)Zustands unter Berücksichtigung der Auftretenswahr-scheinlichkeit dieses Schadens zu ermitteln. Das Ergebnis ist eine Risikogröße, die den weiteren Umgang mit dem unsicheren Produkt maßgeblich beeinflusst, nämlich die Entscheidungsgrundlage für das weitere Vorgehen geben soll.

Insbesondere, wenn möglicherweise unsichere Produkte bereits in Verkehr gebracht wurden, hängt von diesem Ergebnis letztendlich jede Entscheidung über eine Maßnahme im Markt (z. B. einen Rück-ruf) ab. Diese Entscheidung sollte nicht den Anschein erwecken, aus dem Bauch heraus getroffen worden zu sein.

Eine panische Überreaktion auf eine hypothetisch mögliche Gefähr-dung der Allgemeinheit durch einen erkannten Mangel an in Verkehr gebrachten Produkten kann zu völlig überzogenen Maßnahmen ver-anlassen. Umgekehrt kann die leichtfertige Verharmlosung schwer wiegender Risiken und die daraus folgende Unterlassung angemes-sener Schritte (z. B. Unterlassen eines Rückrufs) eine fahrlässige Gefährdung der Allgemeinheit bedeuten.

Steht im ersten Fall eine (u. U. vermeidbare) betriebswirtschaftliche Ergebnisminderung im Vordergrund, können im zweiten Fall sogar strafrechtliche Konsequenzen für die Entscheidungsträger drohen (siehe z. B. „Ledersprayfall").

Unternehmen sollten stets bemüht sein, dass ihre Risikoanalyse nachvollziehbar ist. Ein möglichst quantifizierbarer Entscheidungs-findungsprozess ist hilfreich. Denn eine objektivierte Analyse hat mehrere Vorteile:

- Versachlichung des unternehmensinternen (Entscheidungs-)Prozesses.
- Nachweismöglichkeit einer glaubwürdigen und sorgfältigen Vorgehensweise, um damit im Fall einer späteren Haftungsfrage dem Vorwurf der Fahrlässigkeit entgegentreten zu können.
- Erleichterte Rechtfertigung des unternehmerischen Vorgehens gegenüber der zuständigen Behörde im Fall der Selbstanzeige- und Berichtspflicht („ ... insbesondere haben sie [Hersteller, Einführer etc.] über die Maßnahmen zu unterrichten, die sie zur Abwendung dieser Gefahr getroffen haben ...", § 5 Absatz 2 GPSG).

Im Folgenden seien zwei Vorgehensweisen vorgestellt, mit deren Hilfe Unternehmen eine Risikoanalyse durchführen können.

Das Ergebnis der Analysen soll die Entscheidung erleichtern, ob Unternehmen aufgrund des beobachteten/gemeldeten Produktzustands meldepflichtig gegenüber den Behörden sind und eine Marktmaßnahme für ihre betroffenen Produkte erwägen müssen.

Unabhängig davon, welches Verfahren zur Anwendung kommt, sollte die Risikoabschätzung von einem Team von Mitarbeitern erfolgen, die

- Produktkenntnis besitzen,
- im Umgang mit Risikoeinschätzung erfahren sind,
- die rechtlichen Konsequenzen ihres Tuns verstehen.

Es ist zu empfehlen, ein kleines, festes Team zu installieren, das bei Bedarf um Fachleute hinsichtlich des jeweiligen konkreten Problems ergänzt werden kann.

2.2.1 Modelle zur Risikoabschätzung

2.2.1.1 Modell 1 einer Risikoabschätzung

Die hier dargestellte Risikoanalyse basiert auf einem zweistufigen Ansatz, der die beiden Parameter Schadenumfang S (Gefährdungspotenzial eines Schadens aufgrund des unsicheren Produktzustands) und Auftretenswahrscheinlichkeit W dieses Schadenumfangs zur Beurteilung des Risikos R verknüpft:

$$R = S * W \text{ [1]}$$

---

[1] Das Zeichen „*" soll die Verknüpfung zwischen den Größen S und W darstellen. Es handelt sich dabei allerdings nicht um eine mathematische Funktion, wie z. B. eine Multiplikation o. Ä.

Damit ergeben sich die im Weiteren beschriebenen Ermittlungen der drei Größen:

S   Schadenumfang

W   dessen Eintrittswahrscheinlichkeit

R   das sich daraus ergebende Risiko

Schadenumfang   2.2.1.1.1

Ein unsicherer Produktzustand wird zunächst vorrangig auf mögliche Gefahren für die Gesundheit und Sicherheit von Personen untersucht. Andererseits sind nicht zuletzt aus Produkthaftungsgründen auch sonstige Rechtsgüter zu berücksichtigen, sodass bei der Ermittlung des Schadenumfangs S neben Personen- auch Sachschäden einbezogen werden sollen.

Der Schadenumfang wird nach dem Prinzip des induktiven Verfahrens ermittelt:

Aus einem unsicheren Produktzustand wird auf die sich daraus ableitende Gefährdung geschlossen und die sich daraus möglicherweise ergebende Konsequenz, nämlich der (Personen-/Sach-)Schaden, ermittelt.

Bild 3: Ermittlung des Schadenumfangs

Die unten dargestellte Tabelle 2.3 klassifiziert das (Sach- oder Personen-)Schadenpotenzial, den Schadenumfang S, in 5 Kategorien S0 (kein Schaden) bis S4 (schwerster Schaden).

Der Personenschaden wird dabei nach dem Grad der Verletzung unterteilt. Zwei Aspekte dienen zur präziseren Unterscheidung der Verletzungsgrade (geringe, mittlere, schwere und schwerste):

– Medizinische Versorgung zeigt den Umfang der Behandlung des Personenschadens.

– Schadenfolge beschreibt den (möglicherweise bleibenden) Grad des Schadens.

Schäden, die mehr als eine Person betreffen können, sind entsprechend schärfer zu klassifizieren.

Der Sachschaden wird nach seinem kostenmäßigen Umfang gewichtet. (Die hier gewählte Stufung in 10er-Potenzen soll als Orientierung dienen. Ein Sachschaden kann und ist nicht gegen den Personenschaden gleicher Klassen aufzurechnen.)

Nicht immer resultiert aus einem unsicheren Produktzustand ein (Personen- bzw. Sach-)Schaden. Zum Beispiel können produktimmanente Schutzeigenschaften trotz eines möglicherweise gefährlich anmutenden Schadens eine Gefährdung für den Anwender verhindern. Der Vollständigkeit halber ist dieser Umstand durch die Kategorisierung der Klasse S0 (= kein Sach- oder Personenschaden) berücksichtigt.

Tabelle 2.3: Schadenumfang S zur Ermittlung des Risikos

S		Personenschaden		Sachschaden
	Wichtung	Medizinische Behandlung	Schadenfolge	Schadenumfang
S 0	Keine	–/–	–/–	–/–
S 1	geringe	Selbstversorgung	keine bleibende	‹ 100 EUR
S 2	mittlere	ambulant	kleinste Narben	100 ... ‹ 1 000 EUR
S 3	schwere	stationär	kleine, aber keine deutlich sichtbare, bleibende Beeinträchtigung	1 000 ... 10 000 EUR
S 4	schwerste	intensiv	Tod; bleibende Entstellung; Verstümmelung; schwere, bleibende Beeinträchtigung	› 10 000 EUR

2.2.1.1.2 Eintrittswahrscheinlichkeit

Unter der Annahme des Schadens mit dem im vorigen Abschnitt bestimmten Schadenumfang S werden die (Einzel-)Ereignisse ermittelt, die in ihrer Gesamtheit aus dem unsicheren Produktzustand zu dem Schaden führen können. Die Wahrscheinlichkeit W für das Eintreten des Schadens wird bestimmt und in Anlehnung an den Schadenumfang ebenfalls in fünf Klassen gestuft (W0 = kein Schaden zu erwarten, bis W4 = hohe Wahrscheinlichkeit).

Dabei tragen folgende Aspekte mit ihren einzelnen Auftretenswahr-scheinlichkeiten zum Gesamtereignis bei:

- Auftretenswahrscheinlichkeit des unsicheren Produktzustands an sich.

  Wie hoch ist die Quote für den Produktdefekt?

  Tritt er sofort oder erst nach gewisser Benutzungsdauer auf?

  Zur Ermittlung dieser Größe können als Daten herangezogen werden:

  • Ausfallstatistiken des betroffenen Produkts (z. B. Garantie-quoten)

  • Bereits bekannte Schadenfälle

  • Eigens durchgeführte Untersuchungen

- Abhängigkeit des Schadens vom Anwendungsfall.

  Tritt der Schaden bei bestimmungsgemäßer Anwendung auf oder nur unter besonderen Bedingungen?

  Lässt sich der Schaden durch bestimmtes Anwenderverhalten vermeiden?

  Folgende Aspekte sind zu beachten:

  • Typischer Anwenderkreis (gibt es besonders gefährdete An-wender, z. B. ungeschulte, Kinder, Alte, Behinderte etc.?)

  • Typische Anwendung

  • Vorhersehbarer Fehlgebrauch

- Erkennbarkeit des unsicheren Zustands.

  Gibt es beim Auftreten des unsicheren Zustands Gefahr min-dernde Einflüsse?

  Dies können sein:

  • Gefahrsignal am Produkt (z. B. Kontrollsignal bei Ausfall einer Funktion)

  • Warnhinweise in den Instruktionen

Im Idealfall können zu den genannten Aspekten Einzelwahrschein-lichkeiten p_i ermittelt werden, die durch UND- bzw. ODER-Verknüp-fungen nach den Regeln der Wahrscheinlichkeitslehre zu der relati-ven Gesamtwahrscheinlichkeit p führen und unter Berücksichtigung der Anzahl betroffener Produkte (Produktpopulation Anz. im Markt) eine absolute Häufigkeit P des Schadenereignisses ergeben. Oft-mals wird es aber unvermeidlich sein, subjektive Schätzungen vor-zunehmen, um verschiedene Einzelwahrscheinlichkeiten p_i zu ent-scheiden.

Ermittlung der Schadenhäufigkeit P

$P = \text{Anz.} \times p$ mit $p = p_1 \times ... p_j + p_k ... p_l + ...$

Man lasse sich nicht durch diesen Formelausdruck irritieren und wähne sich nicht in falscher, mathematisch anmutender Präzision! Meist wird es unvermeidbar sein, einzelne Wahrscheinlichkeiten p_j zu schätzen, auf z. T. grobe Erfahrenswerte zurückzugreifen und manche Einflussfaktoren gar nicht mit Zahlen belegen zu können. Die Bestimmung der Schadenhäufigkeit P und daraus folgernd der Eintrittswahrscheinlichkeit W ist eine Schätzung! Sie bedarf einer besonders sorgsamen Abwägung und darf nicht als mathematisch exakt bestimmbar missverstanden werden. Wichtig ist der Versuch, Annahmen für die verschiedenen Wahrscheinlichkeiten durch Untersuchungen, statistische Auswertungen und Abfragen (z. B. im Markt) zu belegen. Dies gilt ganz besonders für die Einschätzung der Kategorie, die einen Schadeneintritt ausschließt (W0). Nur unter der Voraussetzung, dass nach den zum Zeitpunkt der Analyse vorliegenden Fakten und Prognosen kein Schadenereignis erwartet werden kann, ist die Einschätzung von W0 zulässig. Eine wenn auch noch so verschwindend kleine Wahrscheinlichkeit dafür, dass ein Schaden nicht völlig ausgeschlossen werden kann, darf jedenfalls nicht zur Entscheidung für Kategorie W0 führen.

Tabelle 2.4: Eintrittswahrscheinlichkeit W zur Ermittlung des Risikos

	Wichtung	Absolute Häufigkeit P
W 0	kein Schadenereignis zu erwarten	$-/-$
W 1	extrem niedrig	$\ll 1$
W 2	niedrig	< 1
W 3	mittel	$>= 1$
W 4	hoch	$\gg 1$

Sollte das Unternehmen über die Zeit neue Erkenntnisse zu seinen Annahmen erhalten, die die Wahrscheinlichkeitsbestimmung beeinflussen (z. B. ergänzende Marktbeobachtung, Auswertung von zusätzlichen Versuchen etc.), muss die Einschätzung der Wahrscheinlichkeit und damit des Risikoprofils erneut durchgeführt und bei Bedarf revidiert werden.

Risikoprofil   2.2.1.1.3

In Abhängigkeit von den ermittelten Größen für S und W leitet sich
ein Risiko R ab, das in die Kategorien R1 bis R4 abgestuft ist:

R1 kein Risiko, sicherer Bereich
  – keine direkten Maßnahmen notwendig
  – Lagerbestände des Produkts können aufgebraucht werden
  Änderungen zur Behebung des unsicheren Produktzustands mit üblichem Änderungsprozedere empfohlen
R2 annehmbares Restrisiko
  – Produktpopulation im Markt langfristig nicht erhöhen
  – Weiterverwendung der Halbzeug-, Vorprodukt- oder Ersatzteilbestände kritisch prüfen, ggf. verhindern
  – beschleunigtes Änderungsprozedere
R3 vertretbares Risiko
  – Erhöhung der Menge betroffener Produkte im Markt führt zu einem nicht annehmbaren Risiko
  – Maßnahmen im Rahmen der Lagerbestände beim Hersteller/Importeur erforderlich
  – Ausliefersperre
R4 nicht annehmbares Risiko
  – das Risiko erfordert umgehende Maßnahmen im Markt (Handel/Endkunden)
  Warnung/Rücknahme/Rückruf
  zusätzlich Meldepflicht bei Verbraucherprodukten

Bild 4: Risikoprofil

In Grenzfällen sollte im Interesse der Sicherheit stets der nächsthöhere
Risikobereich gewählt werden.

Modell 2 einer Risikoabschätzung   2.2.1.2

Das folgende Modell 2 einer Risikoeinschätzung beruht auf der Vorgabe
der Europäischen Kommission, die Ende 2004 in Form der „Leitlinien
für die Meldung gefährlicher Verbrauchsgüter bei den zuständigen Behörden der Mitgliedstaaten durch Hersteller und Händler nach Artikel 5
Absatz 3 der Richtlinie 2001/95/EG des Europäischen Parlaments und
des Rates" verabschiedet wurde.

Diese Leitlinien sind ein (für Hersteller und Händler zumindest vorerst) unverbindlicher[1] Leitfaden im Umgang mit den Forderungen gemäß Art. 5 Abs. 3 RaPS, also der Verpflichtung für Hersteller und Händler von in Verkehr gebrachten Verbraucherprodukten, Behörden über mögliche Gefahren zu informieren („Wenn ... Hersteller und Händler ... wissen ..., dass ein Produkt ... für den Verbraucher eine Gefahr darstellt, ... haben sie unverzüglich die zuständigen Behörden ... zu informieren ...", Art. 5 Abs. 3 RaPS). Bekanntlich ist die Wahrung des Verbraucherschutzes eine ausdrückliche Intention der RaPS. So versteht sich die so genannte Melde- (oder Selbstanzeige-)Pflicht als ein wesentliches Kriterium zur Umsetzung dieses Anspruchs.

In ihrem Anhang II präsentieren die Leitlinien einen methodischen Rahmen zur Erleichterung einer konsequenten Risikoabschätzung und -bewertung, der im Folgenden vorgestellt wird:

Das Gesamtrisiko, die Leitlinie spricht in diesem Zusammenhang von Schweregrad, wird durch zwei voneinander unabhängige Größen bestimmt, nämlich das Gefährdungspotenzial infolge eines Schadens und die Wahrscheinlichkeit seines Eintretens.

Gemäß Leitlinie wird im ersten Schritt anhand der Tabelle 2.5 der Schweregrad ermittelt.

2.2.1.2.1 Gefährdungspotenzial

Für die Beurteilung des Gefährdungspotenzials sind potenzielle Auswirkungen durch den Schaden auf Gesundheit und Sicherheit maßgeblich. Dabei sollte auch die Anzahl der möglicherweise durch einen Schadensfall gefährdeten Personen berücksichtigt werden.

Exemplarisch für verschiedene mechanische Risiken werden folgende Definitionen der Schweregrade genannt:

---

[1] In Kapitel 1.8.1.3.2 haben wir bereits darauf hingewiesen, dass die Leitlinien an die Mitgliedstaaten gerichtet sind und daher nicht unmittelbar für Hersteller und Händler Anwendung finden. Sie stellen jedoch eine wichtige Orientierungshilfe dar, weil damit die künftige Erwartungshaltung der Behörden dargelegt wird.

Tabelle 2.5: Definitionen der Schweregrade

Leicht	Schwer	Sehr schwer
‹ 2 % Leistungsminde- rung, in der Regel reversibel und ohne Krankenhaus- behandlung zu beheben	2 – 15 % Leistungsminde- rung, in der Regel irreversibel, statio- näre Krankenhaus- behandlung erforderlich	› 15 % Leistungsminde- rung, in der Regel irreversibel
Leichte Schnitt- verletzungen	Schwere Schnitt- verletzungen	Schwere innere Verletzungen
Leichte Knochen- brüche	Verlust eines Fingers oder Zehs	Verlust von Glied- maßen
	Schädigung der Sehfähigkeit	Verlust des Augen- lichts
	Schädigung des Gehörs	Verlust des Gehörs

Wahrscheinlichkeit   2.2.1.2.2

Bei der Betrachtung der Wahrscheinlichkeit müssen die Unternehmen wiederum die Kombination aller beteiligten Einzelwahrschein-
lichkeiten berücksichtigen. Dabei ist die Wahrscheinlichkeit zu bestimmen, dass:

– das Produkt fehlerhaft ist oder schadhaft wird (wären alle Produkte betroffen, ist hier 100 % zu wählen),

– die negativen Auswirkungen bei einem normalen Benutzer auftreten, der dem Risiko unter den bestimmungsgemäßen bzw. zu
  erwartend fehlgebräuchlichen Umständen begegnet.

Zusätzlich wird in Betracht gezogen, dass manche Ereignisse das
Zusammenwirken einer oder gar mehrerer u. U. sogar unwahrschein-
licher Randbedingungen bedürfen.

Tabelle 2.6: Ermittlung der Gesamtwahrscheinlichkeit eines möglichen Schadens aufgrund eines Produktmangels

Gesamtwahrscheinlichkeit von Gesundheits-/ Sicherheitsbeeinträchtigungen		Wahrscheinlichkeit gefährlicher Produkte		
		1 %	10 %	100 % (alle)
Wahrscheinlichkeit von Gesundheits-/Sicherheitsbeeinträchtigungen bei Benutzern, die einem gefährlichen Produkt im üblichen Maße ausgesetzt sind.	Das Risiko ist ständig präsent, sodass bei absehbarem Gebrauch mit Gesundheits-/Sicherheitsbeeinträchtigungen zu rechnen ist.	Mittel	Hoch	Sehr hoch
	Das Risiko kann eintreten, wenn eine unwahrscheinliche Voraussetzung oder zwei mögliche Voraussetzungen gegeben sind.	Gering	Mittel	Hoch
	Das Risiko tritt nur dann ein, wenn mehrere unwahrscheinliche Voraussetzungen gegeben sind.	Sehr gering	Gering	Mittel

2.2.1.2.3 Risikopotenzial/Gesamtschwere

Aus den Ergebnissen der Schwere und Gesamtwahrscheinlichkeit gemäß Tabellen 2.5 und 2.6 kann man in Tabelle 2.7, Tabelle A eine Risikoschwere abschätzen (siehe dazu auch im Anhang Abschnitt 4.3).

Tabelle 2.7: Tabelle A – Risikoeinschätzung

	Schwere von Gesundheits-/ Sicherheitsbeeinträchtigungen			Gesamt-schweregrad Risikofolgen
	Leicht	Schwer	Sehr schwer	
Wahrscheinlich-keit von Gesund-heits-/ Sicherheitsbeein-trächtigungen		Sehr hoch	Hoch	Sehr hoch
	Sehr hoch	Hoch	Mittel	Hoch
	Hoch	Mittel	Gering	Mittel
	Mittel	Gering	Sehr gering	Gering
	Gering	Sehr gering		Sehr gering

Mithilfe der zusätzlichen Tabelle B soll ein Maß der Risikoakzeptanz in der Gesellschaft einbezogen werden.

Bestimmte besonders gefährdete Personenkreise und bei „norma-len" Anwendern die Kenntnis des Risikos bzw. das Vorhandensein von Warnungen beeinflussen das finale Ergebnis der Risikoabschät-zung.

Gefährdete Personen

Durch ein niedrigeres Ansetzen des Risikohorizonts wird berücksich-tigt, dass das Produkt von besonders gefährdeten Personen benutzt werden kann.

Dabei wird zwischen gefährdeten und stark gefährdeten Personen unterschieden:

Stark gefährdet	**Gefährdet**
Blinde	Eingeschränkt Sehfähige
Schwerbehinderte	Teilbehinderte
Sehr alte Menschen	Ältere Menschen
Kinder unter 3 Jahren	Kinder zwischen 3 und 11 Jahren

Normale Erwachsene

Sind normale Erwachsene dem Produkt ausgesetzt, gilt folgende Regel:

Wenn das potenzielle Risiko erkennbar und für die Funktion des Pro-dukts unabdingbar ist oder bei Nichterkennbarkeit der Hersteller ausreichend für Warnungen oder Schutzvorrichtungen gesorgt hat, darf die Einstufung nach Tabelle A modifiziert werden.

„Wenn ein Produkt mit ausreichenden Warnhinweisen und Schutz-vorrichtungen versehen und das Risiko erkennbar ist, [stellt] ein hoher Schweregrad potenzieller Risikofolgen nach der Risikoeinstufung unter Umständen keine ernste Gefahr dar, wenn auch gewisse Maßnahmen zur Verbesserung der Produktsicherheit erforderlich sein mögen. Umgekehrt stellt, wenn das Produkt nicht mit ausreichenden Schutzvorrichtungen und Warnhinweisen versehen und das Risiko nicht erkennbar ist, ein mittlerer Schweregrad potenzieller Risikofolgen ein ernstes Problem dar." (aus Leitlinie).

Die Leitlinie ist primär als Hilfestellung für den Umgang mit der Meldepflicht gedacht und definiert drei Entscheidungsstufen mit Blick auf Melderelevanz. Übertragen auf ihre innerbetriebliche Nutzung bei der Risikoabschätzung scheint es plausibel, diese drei Stufen auf die Risikostufen R2–R4 aus dem Modell 1 zu übertragen:

Tabelle 2.8: Tabelle B – Risikoeinstufung

– geringes Risiko	– Meldung unwahrscheinlich	= R2
– mittleres Risiko	– Meldung erforderlich	= R3
– ernstes Risiko	– rasches Eingreifen erforderlich	= R4

Gesamt- schweregrad Risikofolgen	Gefährdete Personen		Normale Erwachsene				
	Stark gefährdet	Gefährdet	Nein	Ja	Nein	Ja	Ausreichende Warnhinweise/ Schutzvorrichtung
			Nein	Nein	Ja	Ja	Erkennbares Risiko
Sehr hoch							
Hoch							
Mittel							
Gering							
Sehr gering							

Tabelle A dient der Bestimmung des Schweregrads potenzieller Risikofolgen in Abhängigkeit von der Schwere und Wahrscheinlichkeit etwaiger Gesundheits-/Sicherheitsbeeinträchtigungen.

Tabelle B dient dazu, den Schweregrad eines Risikos nach spezifischen Benutzerkategorien und bei normalen Erwachsenen in Abhängigkeit davon zu bewerten, ob das fragliche Produkt mit ausreichenden Warnungen und Schutzvorrichtungen versehen und ob das Risiko deutlich genug zu erkennen ist.

Einschaltung juristischen Beistands 2.2.2

Es bleibt freigestellt, sich für eine der hier vorgestellten Modelle zu entscheiden oder ein ganz anderes Verfahren anzuwenden. Letztendlich werden Anwender stets die beiden Parameter Gefährdungspotenzial des möglichen Schadens und dessen Auftretenswahrscheinlichkeit miteinander zu einer Risikogröße abwägen müssen.

Der Charme, der von Modell 2 ausgeht, liegt in der Tatsache begründet, dass es auf eine offizielle Quelle, immerhin die Europäische Kommission, zurückgeht und damit eine Autorität besitzt, auf die sich Unternehmen im Zweifelsfall (z. B. im Nachweisfall) berufen können. Es ist zu erwarten, dass sich dieses Modell mittelfristig im Markt durchsetzt und damit zu einem anerkannten Verfahren wird. Eine dadurch entstehende Standardisierung der Risikoabschätzung wird jedenfalls bei der Rechtfertigung gegenüber Dritten vorteilhaft werden.

Egal, welches Verfahren Unternehmen zur Einschätzung eines Risikos anwenden, ist jedenfalls jeder aktuelle Schadensfall stets als individueller Einzelfall anzusehen, das Ergebnis der Risikoanalyse kritisch zu hinterfragen und insbesondere mit Blick auf die möglichen strafrechtlichen Konsequenzen, die aus einer Fehleinschätzung herrühren können, Folgendes zu beachten: Zusätzlich zu einer Risikoanalyse z. B. auf Basis eines der beiden hier vorgestellten Modelle ist zu empfehlen, stets eine Rechtsberatung (intern durch den Syndikus oder durch externe Fachkompetenz) hinzuzuziehen.

Entscheidung 2.2.3

Auf Basis der Risikoeinschätzung wird über das weitere Vorgehen zu entscheiden sein. Das heißt, es ist festzulegen, was und wie mit den betroffenen Produkten, die ein mögliches Risiko für den Anwender beinhalten, zu verfahren ist.

Diese Entscheidung obliegt schon allein wegen ihrer möglichen rechtlichen, aber auch finanziellen Tragweite einem Gremium der obersten Führungsebene, wenn nicht der Unternehmensleitung schlechthin.

Sollte die Abschätzung ein „nicht annehmbares Risiko" bzw. ein „ernstes Risiko" zum Ergebnis haben, ist eine Korrektur-Maßnahme im Markt angezeigt, d. h., es ist mit Produkten jenseits der Werkstore des Herstellers umzugehen, die Weichen sind damit gestellt für

– Warnung
– Rücknahme oder
– Rückruf.

Zusätzlich bei Verbraucherprodukten

- Beachtung der Meldepflicht (Anzeigepflicht bei zuständigen Behörden).

2.2.4 Dokumentation der Risikoanalyse

Zur späteren Nachweisführung ist zu empfehlen, die Risikoanalyse sowie die Entscheidung zum weiteren Vorgehen angemessen zu dokumentieren. Jede Dokumentation sollte dabei folgende Aspekte umfassen:

- Ergebnisse der Produktbeobachtung (Reklamationen, Unfallmeldungen etc.)
- Risikoanalyse, bei Bedarf ergänzt um Untersuchungsergebnisse zur Ermittlung des Schadenumfangs und der Wahrscheinlichkeit
- Getroffene Entscheidung.

Fakten, wie z. B. sachliche Schadenmeldungen, werden selbstverständlich sofort dokumentiert. Hinsichtlich der Chronologie ist anzuraten, Risikoanalyse und Entscheidung erst zu dokumentieren, nachdem die Risikoanalyse diskutiert und die daraus folgende Empfehlung vom unternehmerischen Entscheidungsgremium sanktioniert wurde.

Werden während der Entscheidungsfindung Empfehlungen revidiert oder neue erwogen, bereitet deren vorherige Dokumentation unnötigen nachträglichen Argumentationsaufwand. Denn es ist natürlich offensichtlich, dass keine unterschiedlichen Einschätzungsergebnisse oder Empfehlungen in Unterlagen dokumentiert werden sollten! Nachträgliche Änderungen der ursprünglichen Entscheidung sind nachvollziehbar zu begründen.

2.2.5 Zusammenfassung

Die Risikoeinschätzung zu einer Problemmeldung von Produkten im Markt stellt sich als Schlüsselfunktion dar für den Umgang mit dem Problem bzw. den problembehafteten Produkten. Unternehmen müssen die aufgrund des Problems möglichen Personen- oder Sachschäden abwägen, das Gefährdungspotenzial und dessen Wahrscheinlichkeit ermitteln und daraus eine Risikohöhe, die über das weitere Vorgehen entscheidet, bestimmen.

Zu beachten bleibt trotz der vorgestellten Bewertungsmodelle, dass bei aller methodischen Vorgehensweise mit ihrer beinahe mathematisch anmutenden Präzision derartige Berechnungen auf einer Fülle von – manchmal sehr groben und vagen – Annahmen beruhen. Neben einer solch methodischen Vorgehensweise sollten Unternehmen daher stets juristische Aspekte berücksichtigen und entsprechende Kompetenz konsultieren. Zu guter Letzt sollten sie auch ihren gesunden Menschenverstand mit einbringen.

Weiterführende Maßnahmen 2.3

Umgang mit einem nicht annehmbaren Risiko 2.3.1

Bei einem gemäß der Terminologie der Risikoabschätzung „nicht annehmbaren Risiko" bzw. einem „ernsten Risiko" liegt eine mögliche Gefährdung der Sicherheit der Verwender oder unbeteiligter Dritter oder anderer Rechtsgüter vor, die die Bedingung für eine Maßnahme im Markt darstellt. So rasch wie möglich ist über das weitere Vorgehen zu entscheiden, was in der Regel in den Verantwortungsbereich der Unternehmensleitung fällt.

Weiterführende Maßnahmen können sein:

- Warnung an den Handel/Endkunden mit dem Ziel, auf mögliche Gefahren hinzuweisen
- Rücknahme von möglicherweise gefährlicher Ware, bevor sie an den (End-)Kunden, in den Markt, gerät
- Rückruf der Ware bis hin zum (End-)Kunden mit dem Ziel zu bessern (Reparatur), auszutauschen (Alt gegen Neu) oder zu wandeln (Geld zurück)
- Bei Verbraucherprodukten: umgehende Meldepflicht bei den Behörden.

Unterschied Rücknahme und Rückruf

Bei der Entscheidung zwischen Rücknahme und Rückruf spielt der Aufenthaltsort der betroffenen Produkte eine entscheidende Rolle. Ist die Ware noch in der Vertriebskette oder bereits beim Endkunden (Verwender)? Dies beeinflusst maßgeblich den Umfang der Publikation der Maßnahmen, die Frage, ob nämlich Verwender mit eingebunden zu werden brauchen.

Das GPSG gibt dazu hilfreiche Definitionen (§ 2 Absätze 17 und 18 GPSG):

- „Rücknahme ist jede Maßnahme, mit der verhindert werden soll, dass ein Produkt vertrieben, ausgestellt oder dem Verwender angeboten wird."
- Dagegen ist „Rückruf ... jede Maßnahme, die auf Erwirkung der Rückgabe eines in Verkehr gebrachten Produktes durch den Verwender abzielt."

Sind die Produkte noch nicht beim Verwender, wird eine Rücknahme eingeleitet. Wenn dagegen betroffene Produkte (überwiegend) beim

Verwender vermutet werden müssen, wird ein Rückruf unumgänglich.

2.3.2 Maßnahmen im Markt

Die Risikobeurteilung hat ergeben, dass das Gefährdungspotenzial der betroffenen in Verkehr gebrachten Produkte ein nicht vertretbares Risiko darstellt, das Maßnahmen erforderlich macht, um den Verwender oder unbeteiligte Dritte zu schützen.

2.3.2.1 Organisation der Marktmaßnahme

Zum Zeitpunkt der Entscheidung über das weitere Vorgehen sollten bereits die zur Vermeidung der Gefährdung notwendigen Maßnahmen (Schadenbehebung) ermittelt worden sein.

Ausgangspunkt: An einem in Verkehr gebrachten Produkt wurde ein Schaden in Form eines unsicheren Zustands festgestellt und gemäß Risikoabschätzung (nach Kapitel 3) als nicht annehmbar eingestuft.

Der schematisierte Ablauf für das Produktintegritäts-Management ist in Tabelle 2.9 aufgelistet.

Tabelle 2.9: Checkliste – Ablauf einer Marktmaßnahme

1	Einberufung des Produktsicherheits-Komitees, PI-Kernteams	Organisation/Aufgabenverteilung (siehe Abschnitt 1.3)
2	Schadenursache ermitteln	Ggf. Kontakt mit Zulieferer/Hersteller
3	Risikobeurteilung durchführen	Siehe Abschnitt 2.2
4	Umfang der betroffenen Produkte ermitteln	• Herstellcharge • Herstellzeitraum • Herstellnummernkreis • Ausführungsvarianten feststellen

5	Aufenthaltsort der betroffenen Produkte ermitteln	Achtung
		Voraussetzung: Möglichkeit der Rückverfolgbarkeit, siehe Abschnitt 2.1.5
		• Lagerbestände beim
		  – Hersteller
		  – Groß-/Einzelhandel
		  – Ersatzteile
		• Abverkauf an Verwender

6	Abverkauf an Handel stoppen	Sperrung

7	Maßnahmen zur Abwendung der Produktunsicherheit erarbeiten	• Warnung
		• Technische Lösung:
		  – Reparatur des Produkts
		  – Austausch von Komponenten
		  – Ergänzung (neue Komponente)
		  – Umtausch/Vernichtung

8	Abhilfemaßnahmen im Markt festlegen	Siehe Abschnitte 2.3.1.1 und 2.3.2.2 • Warnung • Rücknahme • Rückruf
9	Meldepflicht	Siehe Abschnitt 1.8
10	Information an Versicherer	(wenn eine Rückrufdeckung vorliegt)
11	Schadenbeseitigung	• Technische Lösung entwickeln, erproben, beschaffen • Lieferumfang für Abhilfemaßnahme festlegen (Teile, Instruktionen etc. bereitstellen) • Bei Bedarf Kontakt mit Lieferanten pflegen (Adressen bereithalten)

11		• Bei Bedarf Instruktionen (Warnung, technische Dokumentation für Umbau etc. am Markt) bereitstellen

12	Maßnahmenumfang festlegen	• Märkte
		  – regional
		  – national
		  – multinational/weltweit
		• Vertriebsstufen
		  – Zulieferer
		  – Hersteller
		  – Handelsstufen
		  – Endkunde/Verwender
		• Informationswege
		  – Vertrieb
		  – Handel
		  – Endkunde/Verwender
		  – Öffentlichkeit
		  – Internetplattform

13	Erstellung der Informationen	Siehe Abschnitt 2.3.3
		• Anschreiben an
		  – Handel
		  – Endkunde/Verwender
		  – Behörde
		• Pressemitteilung
		• Anzeigen

14	Versand der Informationen, Teile etc. (nach 11)	Adressenlisten
		  – Handel
		  – Endkunde/Verwender
		  – Medien
		  – Behörden (Meldepflicht)

15	Öffentlichkeitsarbeit	• Telefonhotline • Internetplattform • Pressemitteilung
16	Erfassen/Auswerten der Umbauquote	• Regelmäßige Berichterstattung an die Unternehmensleitung • Überprüfung der Quotenentwicklung, siehe Abschnitt 2.3.2.2

17	In Abhängigkeit von 16 zweite Information in den Markt:	Erinnerung an • Handel • Endkunden • Öffentlichkeit

18	Dokumentation der Aktion	Siehe Abschnitt 2.3.2.3
		• Entscheidungsfindung (Risikobeurteilung)
		• Kostenerfassung
		(wg. Rückrufversicherung)
		• Umgebaute Produkte
		• Unterlagen zur Information
		  – Anschreiben
		  – Anzeigen etc. (siehe 13)

19	Abschlussuntersuchung	Siehe Abschnitt 2.3.2.4 „lessons learned" Möglichkeiten zur zukünftigen Fehlervermeidung

Praktische Tipps

In Ergänzung zu den sich selbst erklärenden Aspekten der Checkliste zum Ablauf einer Marktmaßnahme, Tabelle 2.9, hier noch einige Anregungen:

▷ Zu 1   Einberufung des Produktsicherheits-Komitees, PI-Kernteam

Für die Zeit der Abwicklung der Marktmaßnahme sollte nicht nur ein spezielles Team abgestellt werden (siehe dazu Abschnitt 1.3), sondern auch entsprechende Räumlichkeiten zur permanenten Nutzbarkeit vorgesehen werden. Es bedarf eines Raums, der rund um die Uhr verfügbar ist und mit allen im Unternehmen üblichen und zeitgemäßen Mitteln der Informationsverarbeitung ausgestattet ist:

– Rechnerkapazität mit Zugriff zu allen notwendigen Programmen (z. B. SAP), Datenbanken etc.

– Telefon, Fax, E-Mail

– Internet

– Videokonferenz

▷ Zu 7   Maßnahmen zur Abwendung der Produktunsicherheit erarbeiten

Eine für viele Kunden unbefriedigende Option ist dabei die Wandelung, wenn ihm die rückgerufene Ware finanziell ersetzt wird (Geld zurück gegen Rückgabe der Ware) statt repariert oder ersetzt zu werden.

Zur Gefahrenabwehr sind Reparatur oder Umtausch auf jeden Fall die Optionen mit Aussicht auf größeren Rückruferfolg. Die ursprüngliche Kaufentscheidung des Kunden zeigt sein Interesse am Produkt, das er nun ungern wieder zurückgeben wird, also besteht die Gefahr, dass er den Rückruf ignoriert. Daher kann es zu bevorzugen sein, dem Kunden Nachbesserung oder Umtausch anzubieten.

▷ Zu 11 Schadenbeseitigung
Bei einem Rückruf ist zu beachten, dass hinreichend Mittel zur Schadenbeseitigung zum Startzeitpunkt im Markt zur Verfügung stehen müssen. Mit der Information über die Maßnahme (an den Handel und Markt) wird zeitgleich der Bedarf nach Lösung laut. Nicht bereitstehende Lösungen führen unweigerlich zur Verärgerung im Markt, im schlimmsten Fall zur Rückgabe der betroffenen Produkte.

Es ist allerdings bei aller Zeitnot unbedingt darauf zu achten, dass die Schadenbeseitigungsstrategie auch langfristig trägt. Daher muss eine ausreichende unternehmensinterne Freigabe der Lösung durchgeführt werden, denn nichts ist unangenehmer, als kurze Zeit nach einem Rückruf einen zweiten schalten zu müssen, weil die Lösung des ersten versagt.

▷ Zu 12 Maßnahmenumfang festlegen
Bei der Auswahl des Maßnahmenumfangs ist zu berücksichtigen, in welche Märkte die betroffenen Produkte ausgeliefert wurden. Durch die internationale Vernetzung (Internet etc.) hat die Globalisierung auch bei Sicherheitsbehörden Einzug gehalten: Die Unternehmen sollten gewahr sein, dass sich die für Produktsicherheit verantwortliche Behörde desjenigen Landes bei ihnen melden wird, in dem sie für das dort im Markt befindliche Produkt keine Marktmaßnahme vorgesehen haben.

▷ Zu 15 Öffentlichkeitsarbeit
Ein „Sorgentelefon" sollte unbedingt gebührenfrei geschaltet werden. Die Bereitstellung einer unfreien Hotline wird der Kunde als eine Unverschämtheit missbilligen.

2.3.2.2 Rückruf und Rücknahme

Rücknahme und Rückruf lassen sich erleichtern. Insbesondere können die Unternehmen den Aufwand für öffentliche Maßnahmen deutlich reduzieren, wenn nicht sogar vermeiden, falls sie den Aufenthaltsort der betroffenen Produkte kennen. In diesem Fall können sie den Besitzer (Verwender) des Produkts direkt ansprechen und über die Rückrufmaßnahme informieren. Das Produkt muss also identifizierbar (Stichwort: Kennzeichnung) und seine Vertriebsspur nachvollziehbar (Rückverfolgbarkeit/„traceability") sein.

Das Thema Rückverfolgbarkeit wird die Inverkehrbringer insbesondere dann herausfordern, wenn sie Großserien in den Markt bringen. Sie können über den Verbleib innerhalb des Vertriebssystems bis zum Einzelhandel noch halbwegs zuverlässig Aussagen treffen, indem die Kennzeichnung des Produkts bei Wareneingang bzw. -ausgang im jeweiligen Lager der Vertriebskette erfasst und dokumentiert wird (Ein- und Ausbuchung). Beim Inverkehrbringen des Produkts an den Endkunden (Verbraucher) wird es jedoch schwer, wenn nicht unmöglich, die Kennzeichnung des Produkts samt Kundendaten zuverlässig zu erfassen. Die Kennzeichnung (z. B. Herstellnummer des Produkts) beim Verkauf mit Daten des Kunden (Name und Adresse) auf Verkaufsunterlagen (Rechnung oder Garantiekarte) zu erfassen, könnte eine Möglichkeit sein. Ein Fachhandel wird dazu in der Lage sein. Im Bereich des Discounthandels erscheint diese Option unrealistisch. Letztendlich wird es eine individuell zu lösende Aufgabe sein, eine Rückverfolgbarkeit zu realisieren.

Die Effizienz der vorhandenen Rückverfolgbarkeit bestimmt im Krisenfall den Umfang der Publikationen einer Rücknahme/Rückrufaktion. Im Fall der Rücknahme, d. h., die Produkte befinden sich noch in der Vertriebskette, sollte es gelingen, ganz ohne Veröffentlichungen auszukommen. Die Ware wird dann über die (ggf. mehreren) Handelsstufen bis zum Einzelhandel verfolg- und erreichbar sein. Die in Tabelle 2.9, 11 angesprochenen Maßnahmen zur Gefahrenabwendung können dann eingeleitet werden (vor Ort beim Handel oder nach Rücksendung zum Hersteller).

Im Fall eines Rückrufs (Produkte sind also bereits beim Verwender) bieten sich folgende Möglichkeiten an, die Rückrufinformation zu veröffentlichen. Dabei setzt die direkte Kontaktaufnahme mit Handel und Verwender (unter Ausschluss der Öffentlichkeit („stiller Rückruf")) selbstverständlich eine zuverlässige Rückverfolgbarkeit zur direkten Kontaktaufnahme voraus.

Informationsmittel für einen Rückruf:

– Direkte Kontaktaufnahme/Anschreiben
  • an den Handel
  • an Verwender/Käufer
– Publikation beim Handel
  • Poster/Deckenplakate im Kassenbereich
  • Flugblätter

- Anzeige in
  - lokaler Zeitung
  - überregionaler Zeitung
- Meldung an Presseagentur und Internetagenturen
- Nachricht für Radio/TV
- Information auf Unternehmens-Internetseite

Wenn eine Rückrufmaßnahme nicht national begrenzt ist, sind entsprechende parallele Aktivitäten in anderen Ländern selbstverständlich. So stellt sich beispielsweise die Meldepflicht als europäische Regelung dar und gilt in allen Ländern der Europäischen Union.

Sobald die Rückrufaktion gestartet ist, muss das Unternehmen bereit und in der Lage sein, auf öffentliche Anfragen kompetent reagieren zu können. Dies betrifft die Schaltung einer „Sorgentelefonverbindung" als auch die medienwirksame Vorbereitung von Antworten auf Anfragen an den Hersteller (Pressestelle).

Je nach Risikoeinschätzung („Gefahr im Verzug") kann es notwendig sein, die Verwender umgehend, d. h., noch bevor überhaupt Abwendungsmaßnahmen im Sinne der o. a. Möglichkeiten zur Verfügung stehen, von der potenziellen Gefährdung zu informieren, um eine Weiterverwendung der betroffenen Produkte zu vermeiden. Vorzugswürdig ist natürlich die simultane Bereitstellung der Abhilfemaßnahmen.

Eine immer wieder gestellte Frage betrifft die anzustrebende (Erfolgs- bzw.) Umbauquote der Rückrufaktion. Gemeint ist damit das Verhältnis aus der Anzahl der von der Aktion erreichten Produkte zur Gesamtzahl der betroffenen Produkte. Darauf wird man eine allgemein gültige Antwort nicht finden können. Das GPSG wie auch andere Gesetze schweigen sich dazu aus, da es nicht Aufgabe des Gesetzgebers sein kann, hier absolute Zahlen festzulegen. In diesem Zusammenhang empfiehlt es sich, regelmäßig die Entwicklung der Umbauquote zu verfolgen. Erfahrungsgemäß wird diese Entwicklung einer Asymptote zulaufen. Ob dieser Grenzwert akzeptabel ist (im Bereich von › 90 % darf das vermutlich angenommen werden, wobei Unternehmen je nach Produkt, Vertriebsweg, Preis und Risikolage auch einen Wert in der Größenordnung zwischen 20 % und 40 % schon als respektierlich ansehen dürfen), hängt letztendlich vom Risiko ab. Im Zweifelsfall kann der Rückrufaufruf ein zweites Mal erfolgen. Tritt danach kein nennenswerter Erfolg ein, wird sich die Quote aller Wahrscheinlichkeit nach nicht verbessern lassen. Es sollte dann die Anzahl der betroffenen Geräte nochmals kritisch hinterfragt werden: Wurde sie zu hoch eingeschätzt? War die Lebensdauerannahme zu optimistisch? Liegen noch andere Gründe vor?

Sind Verbraucherprodukte betroffen, wird eine Vorsprache bei den zuständigen Behörden nur zu empfehlen sein.

Bemerkungen zur Dokumentation   2.3.2.3

Eine Rückrufaktion schützt nicht zwangsläufig vor späteren Produkthaftungsansprüchen, wenn z. B. ein von der Aktion unberührtes Produkt einen Schaden verursacht. Wenn es jedoch gelingt nachzuweisen, dass die in einem solchen Fall nicht erfolgte Rückrufmaßnahme nicht dem Unternehmen anzulasten ist, vielmehr der Sorglosigkeit des Eigentümers, der dem Rückruf nicht nachkam, kann sein Anspruch in Frage zu stellen sein. Auch Händler, die trotz Rücknahme-Aufforderung sehenden Auges weiter ausliefern, gehen in ein deutlich höheres eigenes Haftungsrisiko. Eine sorgfältig ausgeführte Rückrufaktion kann also rechtlich schützen und auch vor dem Vorwurf der Fahrlässigkeit bewahren.

Sorgfältigkeit betrifft in diesem Zusammenhang den Aspekt der Dokumentation. Einige Daten sind unbedingt zum Nachweis zu dokumentieren:

- Risikobeurteilung, deren Herleitung seriös und plausibel sein muss
- Kennzeichnung (z. B. Herstellnummern) der Produkte, die im Rahmen der Aktion erfasst wurden
- Kopien der Anschreiben, Anzeigen, Veröffentlichungen etc.
- Korrespondenz mit Marktbehörden
- Abschlussbericht mit Begründung
- Entstandene Kosten (insbesondere zur Rückerstattung im Fall von Rückrufversicherungsschutz)

Der Versand sämtlicher Informationen an Handel und Verwender sollte nachweisbar erfolgen (Einschreiben). Die Beweiskraft in späteren Streitfällen rechtfertigt den Aufwand!

Rückruf als Chance – „lessons learned"   2.3.2.4

Rückrufmaßnahmen können bei der nachträglichen Aufarbeitung als Chance genutzt werden. Es ist offensichtlich, dass im Unternehmen Fehler begangen wurden, sonst wäre die Aktion nicht notwendig geworden. Ein „Blick zurück im Zorn" hilft nicht weiter; Schuldzuweisungen sind die falsche Reaktion. Vielmehr muss die Unternehmensleitung zur pragmatischen, offenen Fehlerkultur anregen, mit dem einzigen Ziel, die Fehler zu ergründen und nachhaltig abzustellen, um sie zukünftig zuverlässig zu vermeiden.

Das betrifft primär die Ursachen, die zu dem Gefährdungspotenzial der betroffenen Produkte und der daraus notwendigen Maßnahme (Rückruf etc.) geführt haben. Hier ist eine umfassende und kritische Schaden-Ursachen-Analyse angezeigt. Vermutlich ergibt sich bei kritischer Analyse Verbesserungspotenzial für unterschiedliche Prozesse in jedem Unternehmen. Hier lohnt es sich, ausführlich in die Tiefe zu gehen. Ist ein augenscheinlicher Fertigungsfehler vielleicht nicht auf eine nicht ausreichend prozesssicher produzierbare Konstruktion zurückzuführen?

Aber auch der Ablauf der Rückrufaktion selbst kann für zukünftige Aktionen optimiert werden. Dazu sollten die Unternehmen alle Beteiligten einbinden, auch die möglicherweise involvierten Behörden.

Ein abschließendes positives „lessons learned"-Gefühl ist für alle Beteiligten hilfreich und wird die Unternehmenskultur positiv beeinflussen.

Für die vollständige Dokumentation des Vorgangs (angefangen mit der Fehlerbeschreibung über die Ursachenanalyse bis hin zur Sammlung von Fehlervermeidungsstrategien) mit dem Ziel der nachhaltigen Verfolgung der Umsetzung gefundener Verbesserungen bietet sich das Format eines 8D-Berichts an, wie im Anhang, Abschnitt 4.5 zu finden.

2.3.3 Anmerkungen zur Gestaltung der Rückrufanzeige

Ohne Zweifel ist ein Rückruf nicht das, was unter einem bevorzugten Marketinginstrument zu verstehen ist. Im Bestreben, eine schlechte Nachricht so positiv wie möglich zu verkaufen, werden viele Unternehmen versucht sein, bei der Gestaltung der entsprechenden Anzeigen publikumswirksam zu texten. Hierbei gilt es indes, besonders umsichtig vorzugehen. Eine Rückrufanzeige ist keine Werbemaßnahme.

Eine Rückrufanzeige

– hat die Funktion einer Warnung

– soll die Aufmerksamkeit des Betrachters erwecken

– soll motivieren, der Rückrufaufforderung nachzukommen.

Es gelten folgende Hinweise:

▷ Die Anzeige sollte wie ein vollständiger (adäquater) Warnhinweis gestaltet sein:

– Benennung des Schadens (was kann passieren/defekt sein)

– Aufzeigen der Risiken (was kann dem Anwender widerfahren)

– Erklären der Konsequenzen (was ist zu tun)

▷ Einsatz einer klaren, verständlichen Sprache:

- Sorgfältige Wortwahl
- Einfach und treffend

▷ Risiken nicht verharmlosen, die möglichen Konsequenzen sind schonungslos und unverblümt anzusprechen; dies gilt insbesondere, wenn es sich um gravierende Risiken handelt (Gefahr für Leib und Leben).

▷ Es muss deutlich erklärt werden, was das Unternehmen vom Kunden will:

- Produkt „ab sofort nicht mehr verwenden"
- Zum kostenlosen Umtausch bringen

▷ Angemessene Illustration der Anzeige:

- Produkt darstellen, z. B. wie in Verkaufsunterlagen dargestellt
- Betrifft der Rückruf nur ein begrenztes Produktionslos, wie und wo ist eine diesbezügliche Kennzeichnung (besonderes Merkmal oder Chargen-, Fahrgestell-, Seriennummer) zu finden?
- Textlastigkeit vermeiden (der Bildanteil sollte nicht viel kleiner als 1/3 der Gesamtfläche der Anzeige sein)

▷ Angebot zusätzlicher Hilfestellung, wohin sich der Kunde wenden kann (kostenloses Sorgentelefon, Internetadresse o. Ä.)

Ein guter Rückrufanzeigentext

- weckt Aufmerksamkeit („eye-catcher")
- ist kurz
- klingt verständlich
- ist vollständig und angemessen.

Bei der Abfassung von Informationsschreiben und zur Formulierung haftungsrelevanter Aussagen sollte zudem eine Beratung von juristischer Seite stattfinden.

Im Folgenden soll das oben Gesagte an einem praktischen Beispiel illustriert werden. Das Beispiel ist mit Absicht anonymisiert worden. Es geht nicht darum, einen Rückrufvorgang eines namhaften, seriösen Unternehmens in Frage zu stellen! Die Hintergründe der Aktion sind nicht bekannt, sodass einige der unten diskutierten Aspekte durchaus weniger kritisch sein mögen. Es gilt allein, dafür zu sensibilisieren, auf bestimmte Dinge zu achten, damit man es selbst vielleicht eines Tages noch besser machen könnte.

Bild 5: Beispiel einer Originalrückrufanzeige (Hersteller anonymisiert)

Was an dieser Anzeige auffällt:

▷ Gut ist:

+ Der Aufbau ist gestalterisch interessant

+ Das Interesse des Betrachters wird erweckt

+ Deutliche Illustration des zurückgerufenen Artikels

+ Klare Anweisung, was der Kunde tun soll
  („… bringen Sie … in … wir ersetzen den vollen Warenpreis")

▷ Was nicht so gut gefällt:

- Es fehlen Informationen über die eigentliche Gefahr für den Kunden.
  Wenn hier ein ernsthaftes Problem für den Kunden bestehen sollte, erfährt er dazu nichts, was ein kritischer Mangel wäre (Haftungspotenzial!).
- Umfangreiche werbeähnliche Aussagen lenken von der möglichen Gefährdung ab (die Erwähnung der GS-Prüfinstitute ist für den Rückruf belanglos).
- Die Anzeige ähnelt von ihrem Erscheinungsbild den Werbeanzeigen des Unternehmens, es besteht Verwechslungsgefahr.
- Es wäre vorteilhafter (wenn auch nicht juristisch geboten), die Ware umgetauscht zu bekommen. Der Kunde hat sich für den Kauf entschlossen, um sie zu verwenden. Insbesondere ohne Hinweis auf eine mögliche Gefahr wird mancher Kunde geneigt sein, die Ware nicht zurückzugeben. Hat der Händler hier keine Option, statt „Geld zurück" eine korrigierte Ware zu bieten, ist die Gefahr größer, dass damit der Rückruf bei manchen Nutzern erfolglos bleibt, die Maßnahme also bei ihnen ins Leere geht.

Zusammenfassung 2.3.4

Ergibt sich aus der Risikoabschätzung eines möglichen unsicheren Zustands des Produkts im Markt, dass die Öffentlichkeit möglicherweise gefährdet sein könnte, werden die Unternehmen Maßnahmen ergreifen, die jenseits ihrer Grenzen liegen. Je nach Grad des Risikos können sie sich mit einer Rücknahme der Ware bis zum Handel begnügen oder den Markt durch Warnung oder Rückruf einbinden. Sind Verbraucherprodukte betroffen, unterliegen sie zudem einer behördlichen Meldepflicht.

Die Abwicklung einer solchen Marktmaßnahme erfordert kompetente Betreuung, bei der durch eine gute Planung vorgesorgt werden kann.

3 Praxisbeispiel – Aufbau eines Rückrufmanagements im Unternehmen

Vor dem Hintergrund, dass der Gesetzgeber nicht in den Kernbereich unternehmerischer Entscheidungsfreiheiten eingreifen kann, ist es selbstverständlich, dass im GPSG keine näheren Regelungen enthalten sind, wie dem Aufbau eines entsprechenden Rückrufmanagements nachzukommen ist.

Die nachfolgenden Hinweise beinhalten allgemeine – teilweise über die gesetzlichen Anforderungen des GPSG hinausgehende – Erwägungen, die beim Aufbau eines Rückrufmanagements berücksichtigt werden sollten.

Es sei dieser Stelle nochmals ausdrücklich darauf hingewiesen, dass branchenspezifische Besonderheiten hier nicht berücksichtigt werden können.

Die nachfolgenden Empfehlungen sind deshalb auf ihre Eignung im eigenen Geschäftsumfeld kritisch zu überprüfen und ggf. an die besonderen Anforderungen der Branche anzupassen. Gleiches gilt für das Bestehen gesetzlicher Regelungen beispielsweise zum Thema Erfüllung gesetzlicher Meldepflichten. Die in diesem Kapitel beschriebenen Empfehlungen sind deshalb nicht dafür gedacht, alle rechtlichen Verpflichtungen zu beschreiben und sollten nicht als Ersatz für qualifizierten Rechtsbeistand im Fall des Auftretens einer potenziellen Produktgefahr verstanden werden.

3.1 Implementierung eines Produktsicherheits-Komitees

Um auf erkannte Produktgefahren angemessen reagieren zu können, empfiehlt es sich, Kompetenzen und Verantwortungsbereiche für die Bewältigung der Produktkrise klar zu definieren. Dafür sollte im Unternehmen ein so genanntes Produktsicherheits-Komitee bzw. eine Arbeitsgruppe, ein Produktintegritäts- oder ein ähnliches Maßnahmenteam implementiert werden, das sich dann brisanter Themen annimmt.

In dem Produktsicherheitskomitee sollten leitende Angestellte vertreten sein, die nachfolgende Unternehmensabteilungen bzw. Disziplinen repräsentieren können:

– Entwicklung

– Fertigung

– Qualitätssicherung

- Einkauf
- Vertrieb
- Finanzen/Controlling/Buchhaltung
- Marketing
- Presseabteilung/Öffentlichkeitsarbeit
- Versicherung
- Rechtsabteilung.

Dem Produktsicherheitskomitee sollte eine Führungskraft vorstehen, die unmittelbar an den Vorstand bzw. die Geschäftsleitung des Unternehmens berichtet.

Durch eine entsprechende Richtlinie des Produktsicherheits-Komitees können die Unternehmen festlegen, in welchen Abständen das Komitee zu ordentlichen Sitzungen zusammenkommt, um über allgemeine Belange zum Thema Produktsicherheit zu beraten.

In der Satzung können auch weitere Aufgaben des Komitees festgelegt werden, wie z. B. die Durchführung von Mitarbeiterschulungen auf dem Gebiet des Produktsicherheitsrechts in turnusmäßigen Abständen.

Es muss eine Vertretungsregelung festgelegt werden, um bei einem sofortigen Zusammentreffen des Produktsicherheits-Komitees bei Erkenntnissen über eine potenzielle Produktgefahr beschlussfähig zu sein.

Das Produktsicherheits-Komitee sollte für die ihm zugewiesenen Aufgaben geschult und ggf. durch entsprechenden Rechtsbeistand über die gesetzlichen Anforderungen auf dem Gebiet der Produktsicherheit regelmäßig informiert werden.

Durch eine Kontaktliste kann sichergestellt werden, dass aus gegebenem Anlass eine Sitzung des Produktsicherheits-Komitees unverzüglich einberufen werden kann. Hierzu kann es notwendig sein, dass auch Kontaktdaten bekannt sind, unter denen die Mitglieder des Komitees außerhalb der Bürozeiten erreichbar sind. Gleiches gilt für die Stellvertreter der Mitglieder des Produktsicherheits-Komitees. Die Liste mit den Kontaktdaten sollte unternehmensintern bekannt gemacht werden. Schließlich soll jeder Mitarbeiter die Möglichkeit haben, unabhängig von seiner Stellung innerhalb der Unternehmenshierarchie seinen Verdacht über ein Qualitätsproblem zu „reporten". Hierfür kommen bei der Implementierung eines Produktsicherheits-Komitees gerade die Mitglieder dieses Gremiums in Betracht.

Bei einer internationalen Ausrichtung des Unternehmens muss die Aufgabe bewältigt werden, die Konzernstruktur mit der Organisation des Produktsicherheitsmanagements zu vereinheitlichen. In diesem Zusammenhang ist insbesondere auf die Aspekte des so genannten *Arm's-Length-Principle* Rücksicht zu nehmen.

Unter diesem Prinzip werden verschiedene Anforderungen zusammengefasst, die es in einer internationalen Konzernstruktur zu berücksichtigen gilt, um steuer-, aber auch haftungsrechtliche Risiken zu vermeiden. Einer der wesentlichen Leitgedanken des *Arm's-Length-Principle* beinhaltet: Auch innerhalb einer internationalen Konzernstruktur (Muttergesellschaft hat eigenständige Tochtergesellschaften im In- und Ausland) hat die Unternehmensleitung dafür Sorge zu tragen, dass unternehmerische Entscheidungen von der jeweiligen juristischen Person autonom getroffen werden. Von den einzelnen juristischen Personen innerhalb eines Konzerns müssen Entscheidungen autonom getroffen werden können. So dürfen beispielsweise bei konzerninternem Geschäft die Verrechnungspreise nicht von der Konzernmutter dergestalt vorgegeben werden, dass sie einem Fremdvergleich nicht standhalten.

Des Weiteren darf in die Entscheidungen des operativen Geschäfts der juristischen Person nicht von außen eingegriffen werden. Auf die unternehmerische Willensbildung einer Tochtergesellschaft darf von der Konzernleitung nur über die zuständigen Aufsichts- bzw. Kontrollgremien Einfluss genommen werden. Direkte Anweisungen, beispielsweise von der Muttergesellschaft direkt in das operative Geschäft einer Tochtergesellschaft hinein, sind mit den Grundsätzen des *Arm's-Length-Principle* nicht vereinbar. Hinsichtlich der hier interessierenden haftungsrechtlichen Aspekte besteht ansonsten die Gefahr, dass bei Produkthaftungsansprüchen, die gegen eine Tochtergesellschaft als eigentliches Haftungsobjekt geltend gemacht werden, auch auf die Muttergesellschaft zurückgegriffen werden kann, die in das Geschäft der betreffenden Tochtergesellschaft „hineinregiert" hat.

Aus vorgenannten Gründen muss bei der Implementierung entsprechender Prozesse in einem Unternehmenskonzern unbedingt dafür Sorge getragen werden, dass Richtlinien von jedem der verbundenen Unternehmen jeweils eigenständig eingeführt werden.

Eine notwendige Konsequenz ist auch, dass in jeder juristischen Person ein eigenes Produktsicherheits-Komitee implementiert wird. Selbstverständlich können/müssen diese Produktsicherheits-Komitees miteinander kommunizieren. Dies ist beispielsweise durch einen hierfür eigens beauftragten Produktsicherheits-Koordinator sicherzustellen.

Beispiel einer Firmenrichtlinie 3.2

Zu den wichtigsten Aspekten eines umfassenden Rückrufmanagements zählen:

- die Implementierung eines Produktsicherheits-Komitees,
- der Aufbau einer geregelten Produktbeobachtung,
- die Sicherstellung der Produktrückverfolgbarkeit,
- die Gewährleistung einer ordentlichen Dokumentation und Kommunikation,
- die Erfüllung gesetzlicher Meldepflichten sowie
- die Festlegung eines Verfahrens zur Risikoabschätzung.

In einer sich abzeichnenden Produktkrise ist es von überragender Bedeutung, dass die o. g. Werkzeuge effizient ineinander greifen. Hierzu dienen in erster Linie unternehmensinterne Richtlinien, in denen die Unternehmen festlegen, wie im Falle einer Produktgefahr zu verfahren ist. Sie müssen hier insbesondere verbindlich festlegen, von welchen Personen welche Entscheidungen getroffen werden bzw. wie nach Festlegung der Maßnahmen sie innerhalb und außerhalb des Unternehmens kommuniziert werden.

Zweck und Geltungsbereich der Richtlinie 3.2.1

In einem ersten Schritt sind in der Unternehmensrichtlinie der Zweck sowie der Geltungsbereich der Unternehmensrichtlinie festzulegen.

Zweck einer solchen Richtlinie ist, unternehmensintern die rechtlichen Anforderungen zum Thema Produktsicherheit in Grundzügen darzulegen und aufzuzeigen, wie den Anforderungen in verantwortlicher Weise entsprochen werden kann. Die Richtlinie kann auch zu Revisionszwecken dienen, ggf. bieten zugehörige Checklisten einen ersten Einstieg zur Auditierung und Bewertung der zur Produktsicherheit implementierten Maßnahmen.

Die Richtlinie soll somit den Verantwortlichen und Zuständigen innerhalb eines Unternehmens als Rahmen für den verantwortungsvollen Umgang sowie die effiziente Bearbeitung vom Produktsicherheitsrisiken dienen.

In der Unternehmensrichtlinie ist auch deren Geltungsbereich verbindlich festzulegen. Hier ist auf die Grundsätze des *Arm's-Length-Principle* bzw. die haftungsrechtlichen Konsequenzen hinzuweisen. Die Unternehmensrichtlinie kann jeweils nur für eine einzelne juristische Person gelten. Verbundenen Unternehmen im In- und Ausland kann allenfalls empfohlen werden, eine den Anforderungen des jeweiligen ausländischen Rechts entsprechende Richtlinie zu veröffentlichen.

3.2.2 Implementierung Produktsicherheits-Komitee

Zunächst ist zu definieren, mit wie vielen Personen das Komitee besetzt wird und welche Funktionen/Disziplinen von dem Komitee abgedeckt werden. Des Weiteren muss an dieser Stelle die Zuständigkeit bzw. Verantwortlichkeit des Produktsicherheits-Komitees festgelegt werden.

Empfehlenswert ist es, in der Richtlinie hervorzuheben, dass die verbindliche Entscheidung über Maßnahmen auf dem Gebiet des Produktsicherheitsrechts ausschließlich von den Mitgliedern dieses Komitees (in Abstimmung mit der Geschäftsleitung) getroffen werden.

Hierdurch wird sichergestellt, dass erst nach entsprechender Bewertung aller maßgeblichen Umstände eine sachgerechte Entscheidung getroffen wird. Zudem wird mit einer solchen Verlagerung der Zuständigkeit auch der Gefahr begegnet, dass das Management auf Geschäftsbereichsebene einem Interessenkonflikt ausgesetzt ist. So kann dem Einwand begegnet werden, finanzielle Interessen hätten bei der Entscheidung über Maßnahmen zur Produktsicherheit eine Rolle gespielt.

3.2.3 Allgemeine Grundsätze zur Dokumentation und Kommunikation

In der Unternehmensrichtlinie sollte das Unternehmen des Weiteren festlegen, wie im Fall des Auftretens eines Qualitätsproblems im Unternehmen eine Dokumentation der getroffenen Entscheidungen erfolgt. Hierzu können in der Richtlinie Empfehlungen gegeben werden, um auf die Aspekte hinzuweisen, die beim Verfassen solcher Dokumente zu beachten sind.

Folgende Hinweise verdeutlichen beispielhaft die Aspekte, die die Mitarbeiter bei der Dokumentation, insbesondere von sicherheitsrelevanten Qualitätsproblemen, beachten sollten.

▷ Es muss davon ausgegangen werden, dass das Geschriebene öffentlich bekannt wird.

▷ Die Dokumente dürfen nur an den tatsächlich erforderlichen Adressatenkreis verteilt werden.

▷ Es ist auf einen klaren, verständlichen Stil zu achten. Missverständliche Ausdrücke sind zu vermeiden.

▷ Meinungen müssen als solche kenntlich gemacht werden und dürfen auf keinen Fall als Tatsachen dargestellt werden (Unterscheidung von Tatsachen und Meinungen).

▷ Jeder Problembeschreibung ist eine Lösung beizufügen bzw. die Lösung ist schriftlich zu dokumentieren, sobald sie gefunden wurde.

▷ Fragen zur Produktsicherheit dürfen nicht unbeantwortet gelassen werden.

▷ Statt abgeschlossene Dokumente zu ändern, sind neue korrigierte Dokumente zu erstellen. Die Fehler im ursprünglichen Dokument und die jeweiligen Korrekturen sind deutlich zu kennzeichnen.

▷ Per Mail gesendete Unterlagen (z. B. doc-, ppt-Anlagen) können nachträglich verändert werden, ohne dass dies zweifelsfrei nachvollzogen werden kann. Selbst pdf-Dateien sind u. U. nachträglich manipulierbar. Auf den notwendigen Dokumentschutz ist zu achten.

In der Unternehmensrichtlinie kann des Weiteren festgelegt werden, wie innerhalb und außerhalb des Unternehmens bei Bekanntwerden von Produktgefahren kommuniziert wird. Hierzu ist zu regeln, von welcher Person bzw. welcher Abteilung Informationen herausgegeben werden. Der Entwurf externer Kommunikation ist nicht zwangsläufig „Chefsache" und bedarf auf jeden Fall spezialisierter Kenntnisse eines Medien-Profis.

So könnte z. B. festgelegt werden, dass

– eine offizielle Kommunikation mit Vertragspartnern bzw. Endkunden oder Aufsichtsbehörden ausschließlich nach vorheriger Abstimmung mit der Rechtsabteilung oder Hinzuziehung eines externen Rechtsanwalts erfolgt.

– externe Kommunikation ausschließlich nach Abstimmung mit der Presseabteilung bzw. dem für Öffentlichkeitsarbeit Verantwortlichen erfolgt.

– diesbezügliche Informationen erst nach Abstimmung mit dem Produktsicherheits-Komitee herausgegeben werden können.

Festlegung von Meldeketten 3.2.4

Grundlegende Bedeutung kommt auch der Definition unternehmensinterner Meldeketten zu. Festlegung klarer, einfacher und schneller Kommunikationswege ist wohl einer der wichtigsten Aspekte, der bei Erstellung einer Firmenrichtlinie zum Thema Produktsicherheit berücksichtigt werden sollte.

Es ist zu empfehlen, dass die Unternehmen zunächst die Verpflichtung eines jeden Mitarbeiters zur Meldung von Qualitätsproblemen niederlegen. Diese Meldepflicht ist zwar bereits Ausfluss der allgemeinen Verpflichtungen aus dem Arbeitsverhältnis, die durch die Unternehmensrichtlinie lediglich konkretisiert wird. Sie dient aber gleichwohl der Klarstellung, was unternehmensintern vom Mitarbeiter erwartet wird.

In diesem Zusammenhang sollten die Unternehmen auch festlegen, an welche Person, welche Abteilung bzw. welches Gremium sich der Mitarbeiter, der ein Qualitätsproblem zu erkennen geglaubt hat, wenden muss. Abhängig von der Unternehmensgröße kann vor Einschaltung des Produktsicherheits-Komitees hier der eine oder andere Filter eingebaut werden.

Folgendes Beispiel stellt eine mögliche Meldekette bei einem Unternehmen dar, das neben den operativen Einheiten auch über entsprechende Stabsstellen verfügt:

So könnte beispielsweise zunächst jedem Mitarbeiter auferlegt werden, bei Verdacht eines Qualitätsproblems hierüber unverzüglich die Führungskraft zu informieren.

Die Führungskraft prüft dann den vom Mitarbeiter gemeldeten Sachverhalt.

Ergibt die Untersuchung, dass kein Verdacht eines Qualitätsproblems vorliegt, sollte der Vorgang mit einem schriftlichen Bericht abgeschlossen werden.

Bestätigt sich hingegen der Verdacht oder kann der Verdacht nicht ausgeräumt werden, ist unverzüglich die Geschäftsgebietsleitung sowie der Vorsitzende des Produktsicherheits-Komitees über den Vorgang zu informieren.

3.2.5 Bildung einer Arbeitsgruppe

In Abhängigkeit von der Unternehmensstruktur kann es sich anbieten, dass die Unternehmen dem Produktsicherheits-Komitee eine Arbeitsgruppe zur Seite stellen, insbesondere dann, wenn das Produktsicherheits-Komitee an zentraler Stelle organisiert ist und für verschiedene Geschäftsbereiche innerhalb eines Unternehmens gleichermaßen zuständig ist.

Eine solche Arbeitsgruppe, die von der Geschäftsleitung des betroffenen Geschäftsbereichs einzuberufen wird, hat dann entsprechend den Anforderungen des Produktsicherheits-Komitees die zugrunde liegenden Fakten zu ermitteln und das Komitee im Rahmen der durchzuführenden Risikobeurteilung mit dem Expertenwissen des Geschäftsgebiets zu unterstützen.

Risikoabschätzung 3.2.6

In der Unternehmensrichtlinie kann man dann noch festlegen, von welchem Gremium, welcher Abteilung etc. eine verbindliche Entscheidung darüber getroffen wird, ob ein Qualitätsproblem als sicherheitsrelevant zu bewerten ist oder nicht.

Wenn man sich entschieden hat, im Unternehmen ein Produktsicherheits-Komitee zu implementieren, kann die Entscheidung diesem Gremium (ggf. in Abstimmung mit der Geschäftsführung) übertragen werden.

Die Festlegung, dass ein Qualitätsproblem im KfZ-Bereich als sicherheitsrelevant angesehen wird, kann Meldepflichten nach dem TREAD Act auslösen. Deshalb sollte diese Entscheidung ausdrücklich dem Produktsicherheits-Komitee oder der Führungsebene vorbehalten sein.

Prüfung des Bestehens gesetzlicher Meldepflichten 3.2.7

Mit der Unternehmensrichtlinie kann in einem weiteren Schritt verbindlich geregelt werden, von welchem Gremium eine Prüfung dahingehend vorgenommen wird, ob wegen der gemeldeten Produktgefahr eine Meldung an Aufsichtsbehörden durchzuführen ist.

Sofern im Produktsicherheits-Komitee auch die Funktion Recht durch einen Syndikusanwalt oder einen externen Rechtsanwalt vertreten ist, kann diese Aufgabe dem Produktsicherheits-Komitee übertragen werden. Ansonsten ist sicherzustellen, dass an dieser Stelle unverzüglich ein Rechtsanwalt mit der Prüfung gesetzlicher Meldepflichten beauftragt wird.

Koordination mit verbundenen Unternehmen 3.2.8

Für den Fall, dass aufgrund einer internationalen Konzernstruktur Produktgefahren in den verschiedenen verbundenen Unternehmen auftreten können, sollte mit der Unternehmensrichtlinie auch festgehalten werden, wie Informationen zwischen den einzelnen Unternehmen ausgetauscht werden. Diese müssen nämlich gewährleisten, dass eine im „Markt A" erkannte bzw. aufgetretene Produktgefahr unternehmensintern kommuniziert wird und ggf. auch notwendige Maßnahmen im „Markt B" getroffen werden.

Entscheidung über Maßnahmen 3.2.9

Ergibt die Risikoabschätzung, dass das Gefährdungspotenzial der betroffenen in Verkehr gebrachten Produkte ein nicht vertretbares

Risiko darstellt, ist vom Produktsicherheits-Komitee darüber zu entscheiden, welche Maßnahmen erforderlich sind, um Gefahren für den Produktbenutzer oder unbeteiligte Dritte abzuwenden.

3.2.10   Abschlussbericht

In der Unternehmensrichtlinie ist schließlich festzulegen, dass eine sorgfältige Dokumentation sämtlicher durchgeführten Maßnahmen erfolgt.

Dies betrifft insbesondere die Erstellung eines Abschlussberichts, der Angaben über folgende Aspekte enthalten sollte:

- Fehlerursache
- Eingeleitete Maßnahmen mit Nachweis der Wirksamkeit
- Ablauf der Aktion
- Angefallene Kosten
- Maßnahmen zur Verhinderung von Wiederholungsfehlern
- Reaktion der Öffentlichkeit

Dieser Abschlussbericht dient insbesondere dazu, aus erkannten Fehlern zu lernen, um in Zukunft bei Auftreten ähnlicher Sachverhaltskonstellationen besser gewappnet zu sein. Der Abschlussbericht gibt Anhaltspunkte dafür, was unternehmensintern bei den Prozessabläufen verbessert werden kann. Diese Fragestellungen sollten Gegenstand der regelmäßigen Sitzungen des Produktsicherheits-Komitees sein. Das Gremium ist dazu aufgerufen, Verbesserungspotenzial aufzuzeigen und durch entsprechende Maßnahmen dafür Sorge zu tragen, dass das Rückrufmanagement einer stetigen Verbesserung unterliegt. Der Abschlussbericht hat auch die Aufgabe, gegenüber der Staatsanwaltschaft die Einhaltung der beim Rückruf geschuldeten Sorgfalt zu dokumentieren, da in aller Regel betroffene Produkte im Feld verbleiben und später noch Unfälle verursachen können.

3.3   Zusammenfassung

Mit dem Begriff „Rückrufmanagement" ist ein System von Prozessen bzw. Abläufen im Unternehmen angesprochen, die dieses in die Lage versetzen sollen, im Krisenfall angemessen zu reagieren. Das Unternehmen ist so zu organisieren, dass

- bei einer drohenden Gefahr von Personen- oder Sachschäden durch im Verkehr befindliche Produkte unverzüglich Maßnahmen eingeleitet werden, um die Sicherheit der Produkte wiederherzustellen,

- die erforderlichen Ressourcen für die Durchführung der gebotenen Maßnahmen im Unternehmen vorhanden sind,
- die Produktverwender vollständig über die drohende Gefahren sowie die Durchführung von Korrekturmaßnahmen informiert werden,
- gesetzliche Vorschriften über die Sicherheit von Produkten ebenso eingehalten werden wie Verpflichtungen zur Meldung von Produktgefahren an Behörden eingehalten werden.

Es ist zu empfehlen, die Abläufe in einer Richtlinie zu beschreiben, die sämtliche Aspekte beinhaltet, aber auch externen Institutionen (z. B. Behörden, auch dem Versicherer) im betrieblichen Alltag die Behandlung produktintegritätsrelevanter Vorgänge erleichtert.

Auch das vermeintlich beste in Verkehr gebrachte Produkt kann zu unerwarteten Problemen im Markt führen, die nicht zuletzt aus gesetzlichen Gründen zu einer reaktiven Handlung mit Konsequenz bis hin zum Endkunden zwingen können. Derartige Rückrufaktionen, denen vor einigen Jahren noch der Makel der Inkompetenz des Herstellers anhaftete, haben heutzutage ihren imageschädigenden Ruf verloren. Nicht, dass sie zum guten Ton eines Markennamens gehören, aber solche Marktmaßnahmen sind Bestandteil unseres heutigen Lebens, werden vom Kunden als Preis für die immer komplexer gewordenen Produkte akzeptiert und spiegeln auch die immer anspruchsvoller gewordene Sicherheiterwartung des Markts wider. Im täglichen Medienrummel wird ein Rückruf höchstens dann noch besondere Beachtung finden, wenn er mit einem besonders spektakulären Schadenumfang in Zusammenhang zu bringen ist.

„Rückrufmanagement" steht dabei als Oberbegriff für eine zu implementierende Organisationsstruktur und ist der Schlüssel zum Erfolg, um ein Unternehmen in die Lage zu versetzen, einen Krisenfall angemessen zu meistern.

Neben altruistischen Überlegungen sind es dezidierte rechtliche Vorgaben, die jedes unternehmerische Handeln in dieser Hinsicht beeinflussen. Speziell für Verbraucherprodukte stecken im europäischen Raum die Richtlinie für allgemeine Produktsicherheit 2001/95/EG bzw. für den deutschen Markt das daraus abgeleitete GPSG den gesetzlichen Rahmen ab, eine entsprechende Managementstruktur zu etablieren. Daneben verpflichten sowohl zivil- wie strafrechtliche Grundsätze und Rechtsprechungen zum Produkthaftungsrecht generell zum Aufbau eines Rückrufmanagements, sodass es also keine Rolle spielt, ob Unternehmen im Konsumgüterbereich (und Verbraucherprodukte im Sinne des GPSG herstellen) oder in der Investitionsgüterindustrie tätig sind.

Unzulänglichkeiten bei der Umsetzung eines Rückrufmanagements können nicht nur rechtliche Konsequenzen nach sich ziehen, sondern auch den Versicherer auf den Plan rufen. Wenn es um die Frage des Abschlusses einer neuen Versicherungspolice oder um die Regulierung eines Schadensfalls geht, kann er die Versicherungsdeckung versagen oder einem Claim mit dem Einwand begegnen, das Unternehmen hätte mangels ordentlicher Rückruf-Organisation jedenfalls eine Schadensvergrößerung billigend in Kauf genommen.

Unternehmen haben die speziell für Hersteller und Inverkehrbringer von Verbraucherprodukten geltende so genannte Meldepflicht mit ihrer Forderung nach umgehender Berichterstattung an die Marktaufsichtsbehörden zu beachten. Diese Meldepflicht gilt im Übrigen nicht nur in der Europäischen Gemeinschaft, sondern hat in den USA ebenfalls für Verbraucherprodukte (CPSA) bzw. seit kurzem für die Kfz-Branche (TREAD-Act) Tradition.

Um realiter in einem Unternehmen entsprechende Prozesse zu installieren, stellen sich die konkreten Aufgaben,

– in Abhängigkeit vom Produkt und Markt ein Produktbeobachtungssystem einzurichten, das zuverlässig Ohr und Auge für Verhalten des Produkts im Markt ist, und dabei insbesondere den Informationsfluss im Unternehmen sicherzustellen,

– das Risiko eines unsicheren Produktzustands unter Berücksichtigung seiner Parameter Gefährdung und Auftretenswahrscheinlichkeit abzuschätzen und eine angemessene Empfehlung für das weitere Vorgehen der Unternehmensleitung vorzulegen,

– bei Bedarf Maßnahmen zur Behandlung unsicherer Produkte im Markt zu organisieren, wie z. B. Warnung, Rücknahme der betroffenen Ware bis hin zum öffentlichen Rückruf sowie der ggf. notwendigen Meldepflicht an Behörden Genüge zu tun.

Exemplarisch wurde ein Rückrufmanagement vorgestellt und die damit verbundenen Aufgabenschwerpunkte, die sich in Form einer Richtlinie im Unternehmen zusammenfassen lassen, erläutert. Es liegt an jedem Inverkehrbringer, die für sein Unternehmen angemessen erscheinenden Maßnahmen einzuführen und deren Umsetzbarkeit zu testen, damit er sicher sein kann, auf den Ernstfall gut vorbereitet zu sein.

Anhang   4

Richtlinienvertreter der Länder   4.1
(Änderungen vorbehalten)

Niederspannungsrichtlinie 73/23/EWG, Änderung 93/68/EWG (1. GPSGV)	Herr Dipl.-Phys. Franz Xaver Stelz Bayerisches Staatsministerium für Umwelt, Gesundheit und Verbraucherschutz Referat ZLS Bayerstr. 32 80335 München	Tel.: (0 89) 51 43-213 Fax: (0 89) 51 43-209 Franz-Xaver.Stelz@stmugv. bayern.de
Spielzeugrichtlinie 88/378/EWG, Änderung 93/68/EWG (2. GPSGV)	Herr Dipl.-Ing. Gerhard Schönheiter Gewerbeaufsichtsamt Nürnberg Roonstraße 20 90429 Nürnberg	Tel.: (09 11) 9 28-29 17 Fax: (09 11) 9 28-29 99 gerhard. schoenheiter@gaa-n.bayern. de
Druckgeräterichtlinie und Richtlinie über einfache Druckbehälter 97/23/EG bzw. 87/404/ EWG, Änderung 90/488/ EWG und 93/68/EWG (6. GPSGV)	Herr Stegmann Behörde für Umwelt und Gesundheit – Amt für Arbeitsschutz – Ministerial- und Rechtsangelegenheiten Adolph-Schönfelder-Straße 5 22083 Hamburg	Tel.: (040) 4 28 63-31 76 Fax: (040) 4 28 63-32 90 Joergen.Stegmann@bug. hamburg.de
Richtlinie für Gasverbrauchseinrichtungen 90/396/EWG, Änderung 93/68/EWG (7. GPSGV)	Herr Dr. Volker Winter Ministerium für Arbeit, Gesundheit und Soziales Horionplatz 1 40213 Düsseldorf	Tel.: (02 11) 86 18-33 95 Fax: (02 11) 86 18-533 95 Volker.winter@mags.nrw.de
Richtlinie Persönliche Schutzausrüstung 89/686/EWG, Änderung 93/68/EWG, 93/95/EWG und 96/58/EG (8. GPSGV)	Herr Dipl.-Ing. Anton Schollmayer Landesamt für Umweltschutz und Gewerbeaufsicht Rheinallee 97–101 55118 Mainz	Tel.: (0 61 31) 9 67-3 57 Fax: (0 61 31) 9 67-5 62 anton.schollmayer@lfug. rlp.de
Maschinenrichtlinie 98/37/EG, Änderung 98/79/EG (9. GPSGV)	Herr Dipl.-Ing. Dirk von Locquenghien Umweltministerium Kernerplatz 9 70182 Stuttgart	Tel.: (07 11) 1 26-26 43 Fax: (07 11) 1 26-28 81 dirk.vonLocquenghien@um. bwl.de

Sportbootrichtlinie 94/25/EG (10. GPSGV)	Herr Dipl.-Ing. Axel Schmidt Behörde für Arbeit, Gesundheit und Soziales Adolph-Schönfelder-Straße 5 22083 Hamburg	Tel.: (040) 4 28 63-31 82 Fax: (040) 4 28 63-33 70 axel.schmidt@bags.hamburg.de
Richtlinie für Geräte und Schutzsysteme für explosionsgefährdete Bereiche 94/9/EG (11. GPSGV)	Frau Ursula Aich Regierungspräsidium Darmstadt Dez. VI/Wi 23.1 Simone-Veil-Straße 5 65197 Wiesbaden Tel: 0611/411919	Tel.: (06111) 411- 919 Fax: (0611) 411-937 u.aich@afas-wi.hessen.de
Aufzugsrichtlinie 95/16/EG (12. GPSGV)	Herr Dipl.-Ing. Hans-Joachim Stoof Landesamt für Arbeitsschutz des Landes Brandenburg Horstweg 57 14478 Potsdam	Tel.: (0331) 8683-159 Fax: (0331) 8643-35 Hans-joachim.stoof@las. brandenburg.de
Produktsicherheitsrichtlinie 2001/95/EG GPSG)	Frau Dr. Renate Beck Bayerisches Staatsministerium für Umwelt, Gesundheit und Verbraucherschutz Rosenkavalierplatz 2 81925 München	Tel.: (0 89) 21 70-24 55 Fax: (0 89) 21 70-24 01 Renate.Beck@stmugv. bayern.de

4.2   Checkliste: Unfallmeldung

(kursiv: individuell auszufüllen)

Unfallmeldung

Produkt & Zubehör

An Kundendienst/Service

Fax: _____ E-Mail _____ @ _____

Bitte in Druckschrift ausfüllen

1. Berichtsdatum _____Unfalldatum _____
2. Name der verletzten Person _____
3. Adresse _____
4. Beschreibung der Verletzung _____
5. Besitzer des Produkts _____
6. Wer hat das Produkt zurzeit? _____

7. Modell _____ Typ _____

8. Ident.-Nr. _____ Kaufdatum_____

9. Wo gekauft? _____

10. Zustand des Produkts _____

11. Besondere Anbauteile/Werkzeuge _____

Hersteller _____

Herstelldatum _____

Ident.-Nr. _____

Zustand/Beschreibung _____

12. Unfallort _____

13. Zeuge(n) an der Unfallstelle
Name_____

Kontaktadresse/E-Mail_____

Was hat/haben Zeuge(n) vom Unfall gesehen?_____

_____

Was haben sie vom Unfall erfahren (und vom wem)? _____

_____

14. Was weiß Zeuge vom Produkt? _____

15. Produkt-Vita, Reparatur/Service _____

16. Garantieansprüche _____

17. Lässt sich das Produkt sicher bedienen? _____

18. Funktionalität (Sicherheitseinrichtungen) _____

19. (Unsachgemäße) Veränderungen am Produkt _____

_____

20. Sind Warnhinweisschilder am Produkt? _____

Wenn ja, welche? _____

Name und Adresse der Person, die den Bericht/das Dokument aufgenommen hat (inklusive , Fax und E-Mail) _____

Achtung:

Das am Unfall involvierte Produkt nicht ohne Zustimmung des Kun-
dendienstes zerstören, reparieren, verändern!

Name des Berichterstatters _____

Ort _____ Datum _____

Unterschrift _____

4.3 Kombinierte Tabellen A und B zur Risikoabschätzung nach Leitlinie vom 14. 12. 2004 der Europäischen Kommission

Risikobewertung von Verbraucherprodukten im Hinblick auf die RaPS:

Dieses Verfahren soll Unternehmen bei der Entscheidung helfen, ob eine durch ein Verbraucherprodukt hervorgerufene gefährliche Situation eine Meldung an die Behörde erfordert.

Tabelle A dient der Bestimmung des Schweregrads potenzieller Risikofolgen in Abhängigkeit von der Schwere und Wahrscheinlichkeit etwaiger Gesundheits-/Sicherheitsbeeinträchtigungen.

Tabelle B dient dazu, den Schweregrad eines Risikos nach spezifischen Benutzerkategorien und bei normalen Erwachsenen in Abhängigkeit davon zu bewerten, ob das fragliche Produkt mit ausreichenden Warnhinweisen und Schutzvorrichtungen versehen und ob das Risiko deutlich genug zu erkennen ist.

Beispiel:

Der Benutzer einer Kettensäge hat sich eine schwere Schnittverletzung an einer Hand zugezogen. Es stellt sich heraus, dass die Kettensäge eine unzulängliche Schutzvorrichtung aufweist, bei der die Hand des Benutzers an die Kette heran rutschen und mit ihr in Berührung kommen konnte. Der Begutachter des Unternehmens nimmt folgende Begutachtung vor.

Tabelle A — Die Wahrscheinlichkeit wird als HOCH eingeschätzt, weil das Risiko allen Produkten anhaftet und unter bestimmten Bedingungen eintreten kann. Der Schädigungsgrad wird als SCHWER eingeschätzt, so dass der Gesamtschweregrad HOCH ist.

Tabelle B — Die Kettensäge ist für normale Erwachsene bestimmt und weist eine erkennbare Gefahrenquelle auf, aber nur eine unzulängliche Schutzvorrichtung.

Der Gesamtschweregrad HOCH ist nicht hinnehmbar, es besteht also eine ernste Risikosituation.

Formulare zur Meldung gefährlicher Produkte   4.4
bei den Behörden durch Hersteller oder Händler

RAPEX-Formular   4.4.1

NOTIFIZIERUNG

ANZEIGE nach GPSG

ALLGEMEINE INFORMATIONEN

01. Meldendes Land:

02. Tag der Meldung:

PRODUKT

03. Produktkategorie:

04. Produktbezeichnung:

05. Warenzeichen:

06. Typ/Modell:

07. Art der Energieversorgung:

08. Einschlägige Vorschriften oder Normen:

09. Nachweis der Konformität:

10. Beschreibung von Produkt und Verpackung, Abmessungen:

11. Foto oder Zeichnung des Produkts:

HERSTELLER

12. Name und Anschrift des Herstellers:

13. Name und Anschrift des Exporteurs:

14. Herkunftsland:

IMPORTEURE UND ANDERE

15. Importeur(e) oder Bevollmächtigte:

16. Einzelhändler oder Bevollmächtigte:

GEFAHR

17. Art der Gefährdung/des Risikos:

18. Einschlägige Testergebnisse:

19. Unfälle:

MASSNAHMEN

20. Freiwillige Maßnahmen:

21. Obligatorische Maßnahmen:

22. Begründung der Maßnahmen:

23. Geltungsbereich:

24. Datum des In-Kraft-Tretens:

25. Geltungsdauer:

SONSTIGE INFORMATIONEN

26. Sonstige Informationen:

27. Ansprechpartner für weitere Informationen:

28. Sind die Informationen vertraulich?

29. Begründung des Ersuchens:

4.4.2 Meldung nach Leitlinie 2004/905/EG der Europäischen Kommission

Abschnitt 1: Die Meldung entgegennehmende/s Behörde(n)/Unternehmen

– Behörde, Ansprechpartner, Anschrift, Telefon, Fax, E-Mail, Website	
– Angaben zu den benachrichtigten Unternehmen und ihrer Rolle beim Inverkehrbringen des Produkts	

Abschnitt 2: Hersteller/Händler

– Das Formular ausfüllender Händler/Hersteller bzw. dessen Vertreter	
– Ansprechpartner, Funktion, Anschrift, Telefon, Fax, E-Mail, Website	

Abschnitt 3: Angaben zu den betroffenen Produkten

– Kategorie, Marke oder Warenzeichen, Modellbezeichnung(en) oder Strich-Code/KN-Code Ursprungsland	
– Beschreibung/Foto	

Abschnitt 4: Angaben zur Gefährdung

– Beschreibung der Gefährdung und mögliche Gesundheits-/Sicherheitsrisiken und Ergebnisse der Risikoabschätzung/-bewertung	
– Bisherige Schäden	

Abschnitt 5: Bereits getroffene Korrekturmaßnahmen

– Art/Zweck/Dauer der Maßnahme(n) und getroffene Vorsorge und dafür verantwortliches Unternehmen	

Abschnitt 6 — Auszufüllen und zu übermitteln nur bei ernstem Risiko oder wenn der Hersteller/Händler die Meldung nur an die für ihn zuständige innerstaatliche Behörde schicken will

Abschnitt 6: Andere Unternehmen in der Vertriebskette, die betroffene Produkte besitzen

– Liste der Hersteller/Importeure bzw. bevollmächtigten Vertreter nach Mitgliedstaat geordnet: Name, Anschrift, Telefon, Fax, E-Mail, Website	
– Liste der Händler/Einzelhändler nach Mitgliedstaat geordnet: Name, Anschrift, Telefon, Fax, E-Mail, Website	
– Zahl der Produkte (Fabrikationsnummern oder Datumscodes) im Besitz von Hersteller/Importeur/Händler/ Einzelhändler/Verbraucher nach Mitgliedstaat geordnet	

4.5 Musterformat für einen 8D-Bericht

Beanstandung (Concern Title)	Beanstand.-Nr. (Ref. No.)	Eröffnet am: (Start Date)
Status, Datum (Status, Date)	Teilebezeichnung (Part Name) Zeichnungsnummer/Index (Part No./Index)	

1   Team: Name, Abteilung (Name, Department)

2   Problembeschreibung (Problem Description)
Betroffene Stückzahl (Related Number of Parts)
Charakter der Beanstandung (Concern Profile Data)
Risikoeinschätzung bei Sicherheitsrelevanz (Risk Analysis if Safety Related)

3 Sofortmaßnahme(n) (Containment Action(s))	% Wirkung (Effekt)	Einführungsdatum: (Implem. Date)
4 Fehlerursache(n) (Root Cause(s))	% Beteiligung (Contribution)	
5 Geplante Abstellmaßnahme(n) (Chosen Permanent Corrective Action(s))	Wirksamkeitsprüfung (Verification)	
6 Eingeführte Abstellmaßnahme(n) (Implemented Permanent Corrective Action(s))	Ergebniskontrolle (Controls)	Einsatztermin: (Implement. Date)
7 Fehlerwiederholung verhindern (Action(s) to Prevent Recurrence) Implementation in: ☐ Product FMEA ☐ Process FMEA ☐ Control Plan ☐ Procedure	Verantwortlich (Responsible)	Einführungstermin: (Implement. Date)
8 Teamerfolg gewürdigt (Congratulate your Team)	Abschlussdatum (Close Date)	Ersteller (Rep. By) Tel., Fax-Nr.

Stichwortverzeichnis